우리는
미래를
만든다

우리는 미래를 만든다

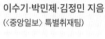

이수기·박민제·김정민 지음
(〈중앙일보〉 특별취재팀)

전 세계가 주목하는 스타트업의 성지
한국의 실리콘밸리, 판교 대탐사

라곰

이 책에 쏟아진 찬사

패스트팔로어로 성장하던 시대는 끝났다. 퍼스트무버가 되기 위해선 과거를 학습하는 게 아니라 미래를 만들어 나가야 한다. 이 책은 21세기에 등장하여 미래를 창조하는 기업들의 새로운 성공 방정식이자 생존의 기록이다. **_강성지(웰트 대표)**

다양한 비즈니스 모델과 새로운 기업문화를 통해 한국 경제의 대안을 제시한 이 책은 '혁신의 교과서'라고 불려도 손색없다. 창업을 꿈꾸는 젊은이들에게는 '나침반'이 되고 기업 경영자들에게는 일하는 방식을 바꿀 수 있는 아이디어를 제공할 수 있는 생생한 조언이 책 곳곳에 소개돼 있다. 판교가 창업의 메카를 넘어 '창업 천국'이 될 수 있도록 이 책이 불쏘시개가 되기를 기원한다. **_김성홍(삼성SDI 상무)**

판교에는 어디에서도 볼 수 없는 엄청난 역동과 혁신의 기운이 있다. 판교의 한복판에서 일하고 있는 나와 같은 판교인도 그 기운이 어디에서 비롯되었고, 어디로 향하는지 구체적인 실체를 파악하기는 어렵다. 이 책에서야 나는 그 실체의 진면목을 확인할 수 있었다.

_김정욱(넥슨코리아 부사장)

대기업이 즐비한 종로에서 바라보는 판교는 혁신과 기회가 있는 신비로운 땅 엘도라도였다. 바둑판 위 '미생'과 같이 불확실한 미래 앞에서 판교인들의 보여주는 치열함과 열정, 그들이 만들어 가는 미래와 사업, 일하는 방식은 가슴속 열정을 소환하는 소중한 기회가 되었다. **_문성준(SK SUPEX추구협의회 부장)**

노벨문학상을 수상한 아일랜드 시인 셰이머스 히니는 인생과 예술의 비밀을 "시작하고, 계속 나아가고, 다시 시작하는 것"이라고 말했다. 이 책이 그렇다. 《우리는 미래를 만든다》는 시작을, 또 어떤 이에게는 나아갈 길을, 길을 잃고 헤매는 이에게는 다시 시작하는 방법을 알려주는 현장의 목소리가 담긴 귀한 나침반이 될 것이다.

_박종국(한화 커뮤니케이션위원회 상무)

판교를 두고 '한국의 실리콘밸리'라고 말한다. '미래의 실리콘밸리'에 방점을 두는가 하면, '한국적 현실'을 강조하기도 한다. 한 단어 안에서 미래와 과거가 교차한다는 것은 그만큼 판교의 현재가 역동적이기 때문이다. 이 책은 역동적인 판교의 모습을 입체적으로, 참신하게 접근했다. 미래의 크고 작은 씨앗들이 판교 이곳저곳에서 자라고 있음을 만나볼 수 있을 것이다.

_안용균(엔씨소프트 커뮤니케이션 센터장)

자본금이 없어도 기업을 세우고, 아이디어만으로 돈을 끌어온다. 하루가 무섭게 외형이 커지는 그들의 비결이 궁금했던 차에 단비 같은 책을 만났다. 어떻게 일하고, 어떻게 비즈니스를 열어가는지 생생하게 담겨있다. 변화와 혁신을 꿈꾸는 기업과 그 구성원들에게 이 책을 권한다.

_윤용철(SK텔레콤 커뮤니케이션센터장)

피상적으로만 보였던 ICT 기업의 내부를 〈중앙일보〉의 판교 취재팀 덕분에 자세히 볼 수 있었다. 신선했고, 그래서 매주 기사를 기다렸다. 덕분에 거기에서 알게 된 그들의 일하는 방식, 의사결정구조 등은 정통적인 산업인 물류에도 많은 인사이트를 줬다.

_이동수(CJ대한통운 부장)

기사는 엉덩이가 아니라 발로 쓴다는 말이 있다. 취재 현장의 중요성을 일컫는다. 모두가 ICT를 외치며 키보드를 두드릴 때, 판교 바닥을 발로 뛰는 기자들이 있다는 얘기를 들었다. 바로 이 팀이다. 그들은 뛰어다니며 업계를 뒤흔들었고 구루들의 입을 열었다. 그렇게 쓴, 누구나 할 수 있지만 아무나 할 수 없는 일들의 기록이 이 책에 있다.

_이수현(넥슨지티 홍보실장)

이 책은 대한민국의 스타트업, 새로운 시도와 도전이 끓어넘치는 혁신의 용광로 판교에 대한 최초의 기록이다. 혁신가들이 꿈꾸는 미래와 그들의 독특한 일하는 방식을 1년간의 밀착 취재해 생생하게 드러냈다.

_임원기(카카오 상무)

온라인과 생존의 경쟁을 벌여야 하는 오프라인 유통업 종사자에게 '한국의 실리콘밸리, 판교' 시리즈는 적군의 내부 동향을 염탐하는 듯한 짜릿함과, 비즈니스 인사이트에 대한 타는 갈증을 해소해 주는 '사이다'였다. 대한민국 ICT를 선도하는 '판교'를 만든 전설적인 영웅들의 이야기는 온 · 오프라인의 경계를 넘어 기업 미래 방향의 가치 있는 힌트를 제공해 줄 것이다.

_장대규(SSG푸드마켓 도곡점 점장)

디지털 혁신이 세상을 바꾸고 있으나, 미래는 디지털 불확실성으로 가득 차 있다. 이 책은 우리가 어디로 어떻게 가야 할지 한국의 혁신생태계 판교를 통해 바로 그 미래를 보여준다.

_정광호(서울대학교 행정대학원 교수)

숲속에 있는 사람은 정작 숲이 어떻게 생겼는지 보지 못한다고 한다. 판교에서 10년 넘게 일하면서도 정작 '판교'로 상징되는 우리 산업이, 우리 사회에 어떤 모습으로 비치고 평가되는지 고민하는 시간은 많지 않았다. 〈중앙일보〉의 '한국의 실리콘밸리, 판교' 시리즈는 이런 나에게 우리 산업을 객관화하고, 어떻게 '숲'을 가꿔나가야 할지를 돌아보는 기회를 줬다. _한재현(네이버 이사)

혁신이 숙명인 시대다. 변화의 흐름을 따라잡지 않고는 어떤 기업도 생존을 보장받을 수 없다. 현대자동차 같은 대기업도 마찬가지다. 저마다 '혁신'을 말하지만, '어떻게 혁신해야 하는가'에 대해선 누구도 자신 있게 말하지 못한다. 어떤 게 혁신일지 고민하던 참에 〈중앙일보〉의 판교 시리즈를 만났다. 빠르게 변하는 기술 변화의 선봉에 선 여러 IT 기업들의 이야기를 현장감 있게 풀어내 기업인으로서 혁신의 방향을 잡는 데 도움을 얻었다. 변화를 갈망하는 기업의 관계자들과 IT 기업의 일하는 방식이 궁금한 모든 이에게 이 책을 권한다. _허정환(현대자동차 전무)

여기는 미래를 만드는
한국의 실리콘밸리입니다

2010년대 초, 이스라엘로 취재를 다녀온 적이 있다. 당시 한국에서는 '이스라엘 배우기'가 한창이었다. 땅덩이도 작고 부존자원도 빈약한 이스라엘이 부국으로 일어선 힘은 결국 '창업을 활성화하는 사회 분위기'라는 게 그 내용이었다. 그곳에서의 취재 역시 이스라엘이 창업 강국이 된 비결을 알아보는 데 초점을 맞췄다.

당시 취재하면서 현지에서 느꼈던 당혹감은 아직도 생생하다. 시제품도 없이 아이디어만으로 세워진 기업이 있었다. 자기 돈 하나 없이도 창업 자금 조달이 가능하다고 말하는 이도 있었다. 어떤 이는 기업을 세운 다음 이걸 다른 사람에게 팔고, 또 다른 회사를 만들 계획이라고도 했다. 스스로를 '연쇄 창업자'라고 했던가. 게다가 직원과 창업자는 서로 동등한 관계라고 하니, 내게는 어찌나 먼 이야기로만 들리던지….

고백하건대 당시 이스라엘의 창업 환경을 취재하며 들었던 말들은 '사기꾼'의 꼬임으로만 느껴졌다. 자기 돈 없이 창업한다는 것도 믿기 힘들었지만, 시제품 없이 아이디어만으로 기업을 세우고 상장한다(IPO)는 건 제조업 강국에서 온 내게는 '대동강 물을 돈 받고 파는' 봉이 김선달의 이야기처럼 들렸다.

하지만 10년도 채 지나지 않은 2020년. 부끄럽지만 당시 이스라엘 사람들의 말이 옳았다는 걸 인정해야겠다. 그때 들었던 이야기들은 대한민국에서도 현실이 되었으니 말이다. '될성부른' 아이디어에 몇백억 원씩 돈을 대주는 벤처캐피털(VC)이 있는가 하면, 자본금 한 푼 없어도 사업에 뛰어드는 창업가들도 있다. 대학 졸업 후 대기업 입사를 성공으로 여겼던 사회 분위기도 달라졌다.

이런 변화의 최전선에 서있는 곳이 한국의 실리콘밸리인 '판교'다. 오늘날 판교에는 1300여 개의 기업이 있다. 여기에선 8만 명에 달하는 젊은 인재들이 한국판 구글과 페이스북을 꿈꾸며 일한다. 자본금이 적어도, 완제품을 내놓지 못해도, 모두 자신의 비전과 실력을 믿고 인생을 건 이들이다. 2019년 한 해 동안 내부에서 관찰해본 판교 기업에는 혁신이 흘러넘쳤고, 판교인들 내면에는 '기술로 세상을 바꿀 수 있다'는 열정이 있었다. 코드 한 줄 쓸 때마다 혼을 담는 현대판 '방망이 깎던 노인(수필가 윤오영의 작품에 나온 장인 정신으로 방망이를 만들던 노인)'이 모여있었다.

이 책은 〈중앙일보〉의 '한국의 실리콘밸리, 판교' 시리즈에 뿌리를 둔다. 연중기획시리즈를 통해 판교라는 공간과 그 안의 기업 이야기를 최대한 사실대로 담아내는 데 주력했다. 네이버나 카카오 같은 대규모 IT 기업은 물론 서너 명의 젊은이가 모여 꿈을 좇는 창업 초기 스타트업의 이야기도 실려있다. 카카오 김범수 이사회 의장이나 네이버 이해진 GIO(글로벌 투자 책임자)처럼 아주 대단한 사람이 아니어도 누구나 창업을 하고, 또 자신의 아이디어로 기업을 만들 수 있다는 걸 알리고 싶었다.

판교 밸리에 있는 1306개 기업, 종사자 7만 4738명이 만들어 내는 혁신의 크기는 77조 5000억 원이라는 연 매출 숫자만으로 가늠하기 어렵다. 공장 굴뚝 하나 없지만 작은 아이디어 하나로 세상을 바꾸는 스타트업들이 생겼다가 사라지고, 다시 생기기를 반복하는 거대한 실험공간이라서다. 스타트업들은 운동·탈모·청소·공기청정기·교통·교육 등등 혁신할 게 더 남아있을까 싶은 영역에서도 용케 빈틈을 찾아내 혁신 한 스푼을 얹어 사업을 만들어 내고 있다. 20년 전 강남 테헤란밸리에서 시작해 거대 기업이 된 IT 공룡들이, 실패했더라도 꿈을 계속 좇는 연쇄 창업자들에게 미래의 씨앗을 뿌리는 곳이기도 하다.

+ 판교 테크노밸리 현황

자료: 성남시청(2018년 기준)

기업체 수
1306개

종사자 수
7만 4738명

연 매출
77조 5000억 원

거주지

성남 시내
1만 7653명
(24퍼센트)

성남 시외
5만 7085명
(76퍼센트)

교통수단

대중교통
64퍼센트

승용차
33퍼센트

기타
3퍼센트

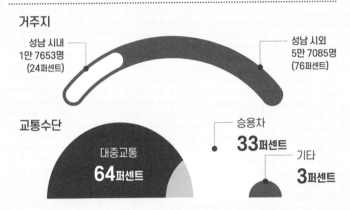

 판교 소재 기업에 다니는 보통 사람들의 이야기도 빼놓지 않았다. 뛰어난 아이디어를 가진 창업가도 중요하지만, 그 아이디어를 현실로 만드는 건 수많은 보통 사람이기 때문이다. 판교 기업들이 새로 만들어 낸 일자리를 소개한 부분도 있다. 기존의 상식으론 상상하기 힘든 직업인 '폴리 아티스트' 등이 대표적이다.

✛ 판교 테크노밸리의 오늘을 상징하는 키워드

자료: 각 사

회사명	키워드
네오위즈	IT, 스타트업, 자유
네이버 노조	불통, 양극화, IT 노조
넥슨	후드티, 젊음, 공유
넷마블	혁신, 젊음, 도전
마키노차야 판교점	게임, 외식, 신식 건물
법무법인 세종 판교사무소	캠퍼스, 활기, 도약
블루필	젊음, 스타트업, 워라밸=행복
스마일게이트	캐주얼, 신기술, 공유
스테이션3 다방	구내식당, 킵고잉, 글로벌
아날로그 플러스	젊음, 기회, 비싼 집값
아산나눔재단	IT, 스타트업, 미래
아프리카TV	스타트업, 게임, 유령도시
안랩	캠퍼스, 교통난, 소프트웨어
알토스벤처스	IT, 테크, 창업
엑스엘게임즈	한국의 실리콘밸리, IT, 비싼 집값
엔씨소프트	다양성, 혁신, 즐거움
오즈인큐베이션센터	스타트업, 퍼스트 펭귄, 혁신
웰트	도전, 젊은 생각, 기다림과 결실
웹젠	청바지, 아이스아메리카노, 벚꽃
위메이드	컨소시엄, IT·바이오, 제2판교
장류진 작가	IT, 현백, 비싼집값
청소연구소	양성평등, 수평적, 자율 출퇴근
카카오	슬리퍼, 후드티, 반바지
카카오모빌리티	개발자, 수평적 기업문화, 얼리어답터
태그하이브	혁신, IT, 스타트업
펄어비스	청바지, 게임, 비싼 집값
한글과컴퓨터	자유, 개발자, 개성
NHN	4차산업혁명, 원스탑 라이프, 개발자 천국
SK케미칼	젊음, 새로움, 미래지향
SK플래닛	테크 비즈니스, 언텍트(비대면) 식당, 퍼스널 모빌리티

이 책에는 그 어느 곳보다 판교와 관련해 가장 많은 이야기가 있다. 창업을 꿈꾸는 이들이나, 스타트업에서 일하고 싶은 인재, 그리고 판교 기업들의 일하는 방식이 궁금한 모든 분들에게 이 책을 바친다.

2020년 2월
저자들을 대표하여
이수기(〈중앙일보〉 특별취재팀)

2부
그들이 만들어 내는 비즈니스

3부
그들이 일하는 방식

1부

그들이
바라보는
미래

앞으로 10년,
데이터가 돈을 번다

카카오 의장 김범수

카카오의 판교 오피스가 입주한 경기도 성남시 분당구 삼평동 H스퀘어의 지하 2층 주차장. 주차장에서 기다린 지 2시간쯤 지났을까. 은색 세단이 미끄러지듯 주차장에 들어섰다. 차 문이 열리고 캐주얼 재킷에 면바지 차림의 낯익은 이가 내려섰다. 김범수 카카오 의장이다.

〈중앙일보〉는 지금의 IT 코리아를 있게 한 주역이자 '판교의 영웅'인 그를 몇 달간 쫓았다. 그가 그리고 있는 미래를 듣기 위해서였다. 김범수 의장은 서울대학교 산업공학과와 동 대학원을 졸업한 뒤 삼성SDS에 입사해 PC 통신인 유니텔을 개발했다. 이후 회사를 나와 한양대학교 앞에서 당시 국내 최대 규모의 PC방을 운영했다.

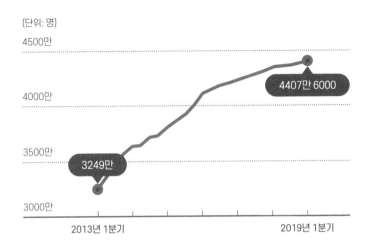

+ '카카오톡' 국내 월평균 순수 이용자수　　　　　자료: 카카오

(단위: 명)

4500만

4000만　　　　　　　　　　　　　　　　　　4407만 6000

3500만　　　　3249만

3000만

2013년 1분기　　　　　　　　　　　　2019년 1분기

PC방 성공을 토대로 게임 개발에 착수, 1999년엔 국내 최초의 게임
포털인 한게임을 설립했다. 2000년 한게임을 네이버와 합병한 뒤
엔 NHN을 국내 1위의 포털로 키웠다. 2010년 '카카오톡'을 출시,
2014년 다음커뮤니케이션과 합병했다.

　그는 〈중앙일보〉와의 인터뷰에서 "IT(Information Technology·정보
기술) 비즈니스에서 DT(Data Technology·데이터기술) 비즈니스의 시
대로 빠르게 넘어가고 있다"라고 IT 산업을 진단했다. "과거가 인터
넷에 이어 모바일 시대로 이행하는 시기였다면, 현재는 모바일에서

데이터기술의 시대로 넘어가는 변곡점"이라는 것이다. 앞으로 10년은 "데이터가 부가가치를 낳는 시대"라고도 강조했다. 여기에 필연적으로 AI(Artificial Intelligence·인공지능) 관련 산업이 커질 수밖에 없다는 전망이 이어졌다. 김 의장은 "앞으로 10년은 결국 AI로 정의될 것"이라며 "물이 끓어오른 것처럼 이제 곧 비즈니스에 적용할 수 있는 레벨의 기술과 사업 모델이 쏟아져 나올 것이고, 이건 결국 시기의 문제"라고 내다봤다. 다양한 방식으로 축적된 빅데이터를 분석하고, 이를 토대로 새로운 사업 모델이 나올 것이란 예측이다. 2019년 12월 카카오도 이에 맞춰 AI 연구 조직인 AI 랩을 분사해 주요 사업 부문으로 육성하기로 했다.

카카오가 모으는 빅데이터는 지금 이 시간에도 차곡차곡 쌓이고 있다. 전 국민이 사용하다시피 하는 모빌리티 서비스(택시, 대리운전 등 이동수단을 제공하는 서비스)인 '카카오T'도 그렇다. 어디에서 어느 장소로 몇 시에 이동하는지 등이 모두 활용 가능한 데이터 자원이다. 카카오의 AI 랩을 분사한다는 계획도 이런 밑그림 아래에서 나왔다.

'한국에서 가장 강력한 플랫폼'을 가진 카카오에도 고민이 있을까. 실제 2019년 1분기 '카카오톡'의 국내 월평균 순수 이용자수(MAU·Monthly Active Users)는 4400만 명을 넘어섰다. 김 의장은 플랫폼을 넘는 그 무엇을 고민 중이다. 그는 "플랫폼만 고수하는 건 답이 아닌 것 같다"라고 했다. "고객이 원하는 건 끊임없이 바뀌는 만큼, 플랫폼뿐 아니라 경쟁력 있는 지적재산권(IP·Intellectual Property rights)까지 제공할 수 있어야 한다"라는 것이다. 카카오의 오늘인 플랫폼뿐 아니라 미래엔 '플랫폼+α'가 돼야 한단 의미다.

그래서 카카오는 개발해내는 다양한 서비스를 '카카오톡' 플랫폼에 붙이고 있다. '카카오페이(간편결제서비스)'와 '카카오 모빌리티'는 물론 AI 기반 '카카오톡 비즈보드(대화 목록 내 표시되는 광고 상품)'와 '카카오톡 선물하기'가 대표적이다. 최근엔 '카카오톡'으로 메일 보내기도 가능해졌다. 서비스만이 아니다. 2019년 6월 말 기준으로 카카오는 국내에만 71개의 계열사를 거느리고 있다. 해외까지 합치면 계열사는 100개에 달한다.

하지만 김 의장의 걱정은 여전하다. 플랫폼에 입힐 '앙꼬', 즉 콘텐츠가 무엇이냐가 핵심이기 때문이다. 그는 평소 "플랫폼이 아무리 강해도 소비자가 좋아하는 IP가 없다면 결국 경쟁력을 잃는다"라고 강조해왔다. 현재 IT 관련 서비스 중 가장 돈이 된다는 게임만 해도 그렇다. 그는 "흥행력을 갖춘 게임업체들은 자체적으로 게임을 퍼블리싱한다"라고 했다. 카카오 같은 플랫폼 기업 입장에선 IP 제공자(게임업체)로부터 2류 게임만 공급받게 된단 의미다. "그래서 결국 플랫폼 기업도 직접 게임을 만들어 이종 산업과 경쟁에 나서야 하는 상황"이라고 설명한다. 이는 전 세계적인 움직임이다.

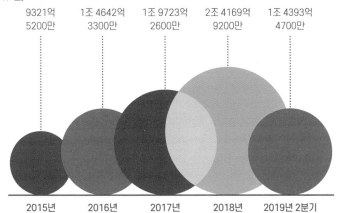

(단위: 원)

9321억 5200만	1조 4642억 3300만	1조 9723억 2600만	2조 4169억 9200만	1조 4393억 4700만
2015년	2016년	2017년	2018년	2019년 2분기

"미국의 스트리밍 업체인 넷플릭스도 게임, 드라마 같은 IP 확보에 온 힘을 기울인다. 세계 최대의 온라인 유통업체인 아마존 역시 제품 판매부터 배송까지 소비자 접점 전반을 직접 관리한다. 그에 비하면 우린 아직 멀었다."

그가 생각하는 카카오의 장점은 무엇일까. 그는 "많은 분야의 데이터를 보유하고 있다는 점"이라고 진단한다. 국내외를 합쳐 5000만 명이 넘는 이용자를 기반으로 모빌리티와 뱅킹 같은 다채로운 서비스를 제공해 온 덕이다. "아직 본격적으로 작업을 시작하진 않았

'한국에서 가장 강력한 플랫폼' 카카오의 김범수 의장은
"플랫폼뿐 아니라 경쟁력 있는 IP까지 제공할 수 있어야 한다"라고 말했다.

지만, 카카오에 쌓이는 데이터만 잘 분석해도 사람들이 어디로 향하는지, 재화는 어디로 가는지 알 수 있다"라고도 했다. 카카오가 DT나 AI 시대로의 이행을 위한 기초체력은 탄탄히 갖췄다는 평을 듣는 이유다.

하지만 그에게 카카오는 여전히 취약한 존재다. "인재와 정보가 모이고 있지만, (카카오는) 기회와 위기가 공존하는 회사"라고 생각한다. "언제든 자만하면 위기가 닥쳐올 것"이란 표현도 사용했다. "카카오 같은 디지털 기업은 오프라인 기반이 상대적으로 취약하기 때문에 사용자들의 취향 변화에 그만큼 더 민감할 수밖에 없기 때문"이란다. 실제 '카카오톡(2010년 3월 출시)'보다 앞서 메신저 시장을 장악했던 글로벌 메신저인 '왓츠앱(2009년 출시)'이나 국내 메신저인 '엠앤톡(2010년 2월 출시)' 모두 현재는 '카카오톡'에 밀려 찾아보기 힘들다.

국내 대표 '연쇄 창업자(Serial Entrepreneur·창업 후 매각에 성공한 뒤 다시 창업하는 기업가)'인 김 의장에게도 눈물 젖은 빵을 먹던 시절이 있었다. 삼성SDS를 나와 한양대학교 앞에서 당시 국내 최대 규모의 PC방을 운영하다가 자금이 부족해 사채까지 끌어다 썼다. "'실패하면 한강에 간다'는 각오였다"라고 지금도 회상한다. 2000년 한게임을 네이버와 합병한 뒤에도 한때 자금 위기에 봉착했다.

당시 그는 주변의 반대를 무릅쓰고 합병 1년 뒤 부분 유료화를 감행했다. 평소 민주적인 리더십을 강조하는 김 의장이지만, 부분 유료화 당시만큼은 "CEO의 뜻이다"라는 말로 반대를 무마시켰다. 그가 이 말을 한 건 네이버와 합병할 때와 이때뿐이었다. 〈바이오그래피 매거진 ISSUE.9 김범수〉에서 이를 두고 그는 "적절한 시기에 적절한 행동을 취한 덕에 살아남았다"라며 "현재를 버티고 검색으로 미래를 삼는다"라는 전략이 실현된 순간이라고 평가했다.

당시의 위기가 무색하게 카카오는 순조롭게 성장 중이다. 김 의장은 "카카오가 오늘에 이를 수 있었던 가장 큰 배경은 카카오 브랜드에 대한 사용자의 신뢰 덕분"이라며 "서비스를 내놓을 때마다 사용자들이 긍정적으로 믿고 써주신 덕에 오늘에 이르렀다"라며 이용자들에게 수차례 감사를 표한 바 있다.

예비 창업자들에게 해주는 조언도 있다. 그는 요즘을 '창업하기 만만하지 않은' 시기로 진단한다. 경쟁이 치열해지고 규모가 큰 IT 기업이 많아진 만큼 웬만한 아이디어와 실력만으론 도전하기 쉽지 않다는 의미다. 김 의장은 "'좋은 아이디어'만으로는 부족한 시대"라며 "스스로 축적된 경험과 실력이 무엇이냐를 냉정하게 고민해 봐야 한다"라고 했다. 그는 또 "사업 범위를 넓게 잡는 것보단 특정 서비스 한 가지를 잘하겠다는 식으로 좁게 출발한다면 얼마든지 성장의 기회가 있을 것"이라고 조언했다.

그에게 가장 해결하고 싶은 분야는 무엇인지를 물었다. 잠시 생각하더니 "교육 문제를 가장 풀고 싶다"라고 했다. "국·영·수 중심의 현재 교육으로는 다가오는 미래의 문제를 해결할 수 없을 것"이라는 게 그의 걱정이다. 예전부터 교육 문제에 깊은 관심을 보여온 그는 '100인의 CEO(최고경영자)를 육성하겠다'는 약속으로도 유명하다. 비슷한 콘셉트로 "100인의 영재 같은 프로그램을 운영해 볼까"라고 수차례 주변에 타진하기도 했다.

김 의장은 2017년부터 이해진 네이버 GIO(글로벌 투자 책임자), 김정주 NXC 대표, 김택진 엔씨소프트 대표, 이재웅 쏘카 대표 등과 함께 교육 혁신 단체인 미래교실네트워크의 실험학교 '거꾸로캠퍼스'를 지원하고 있다.

요즘 가장 개인적인 고민은 무엇일까. 그는 기자를 돌아보며 "어떻게 하면 행복할 수 있을지를 고민하고 있다"라며 씩 웃었다. 한게임 창업 후 10년 만인 2009년, 그가 행복을 좇아 가족과 1년간 안식년을 보낸 건 유명한 일화다. 당시 고2, 중3이던 그의 아이들 역시 학교를 쉬며 오롯이 가족만의 시간을 보냈다. 일밖에 몰랐던 그에게 "지금 행복할 수 없다면, 영원히 행복할 수 없다(〈바이오그래피 매거진 ISSUE.9 김범수〉)"는 깨우침을 준 시간이다. 그는 요즘도 평생의 라이벌이자 동료인 이해진 네이버 GIO와 만나 어떻게 해야 행복할지를 의논하며 골프 등을 즐긴다.

편리한 IT에서
똑똑한 IT로 넘어가는 시대

넷마블 의장 방준혁

"편리한 IT에서 똑똑한 IT로 넘어가는 시대, 게임 속 원천기술의 가능성은 무궁무진하다."

연 2조 원 이상 매출을 올리는 국내 최대 게임사 넷마블의 방준혁 의장이 말하는 미래 진단이다. 그는 "똑똑한 IT는 방대한 빅데이터를 AI로 가공해 다양한 맞춤형 서비스를 선보이는 것을 의미한다"라며 "이미 똑똑한 IT를 가능케 하는 여러 기술이 게임 속에선 대세라 할 정도로 성숙한 만큼, 향후 이를 접목한 관련 분야에 기회가 많을 것"이라고 말했다.

방준혁 의장은 32세였던 2000년 직원 8명과 함께 자본금 1억 원으로 스타트업 넷마블을 창업했다. 20년간 성장을 거듭해 전 세계

월 순방문자수만 6800만 명에 이르는 거대 글로벌 게임사가 됐다. 위기 국면마다 IT 트렌드의 변화를 앞서 읽고 새로운 혁신 드라이브를 건 방 의장의 역할이 컸다는 게 업계 안팎의 평가다. 방 의장은 IT 산업의 미래, 넷마블의 미래를 어떻게 그리고 있을까. 어렵게 만난 방 의장으로부터 들은 비전과 그가 지인, 임직원들에게 밝힌 여러 발언을 종합해 정리했다.

〈중앙일보〉는 넷마블 본사가 있는 서울 구로구 G밸리 비즈플라자 지하 엘리베이터 앞에서 며칠간 기다린 끝에 방준혁 의장을 만날 수 있었다. 회색 재킷에 파란색 스니커즈를 신은 그는 퇴근 시간 무렵 엘리베이터에서 직원들 사이에 섞여있다가 내렸다. 상황 설명을 묵묵히 듣고 있던 방 의장은 어렵사리 질문에 답을 내놨다.

후배 창업자들에 대한 조언을 구하는 질문에 방 의장은 현재 IT 산업 트렌드가 급격히 변하는 중이라고 답했다. 그는 "최근 20년은 인터넷이라는 유무선 인프라를 깔고 그걸 어떻게 편리하게 연결해서 활용할지가 관건이었다"라며 "하지만 앞으로 20년은 깔린 인터넷망에서 쏟아져 나오는 빅데이터를 AI를 통해 얼마나 똑똑하게 활용하는지가 중요하다"라고 말했다.

2019년 12월, 넷마블은 웅진 코웨이 인수를 확정해 세간을 깜짝 놀라게 했다. 웅진 코웨이 인수 결정이 똑똑한 IT라는 산업적 흐름과 연결된 것이냐는 질문엔 그렇다고 했다. 그는 오래전부터 자택에

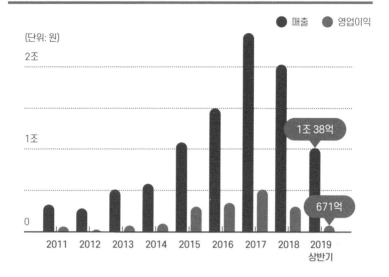

✚ 넷마블 매출과 영업이익 자료: 넷마블

● 매출 ● 영업이익

(단위: 원)

2조

1조

1조 38억

671억

0

2011 2012 2013 2014 2015 2016 2017 2018 2019
상반기

서 코웨이 정수기와 공기청정기를 사용해 온 애용자이기도 하다. 방의장은 "수천만 이용자가 쏟아내는 빅데이터를 분석하며 관련 기술을 발전시켜 온 게임사는 데이터와 AI가 주역이 되는 똑똑한 IT 시대 원천기술을 가진 셈"이라고 말했다. "검색 회사였던 구글과 전자상거래 회사였던 아마존이 파생 기술로 다양한 사업을 만들어 낸 것처럼 코웨이가 가진 '구독 경제' 비즈니스와 게임 기술의 결합은 눈에 보이지 않는 시너지를 낼 것"이라는 설명이다.

실제 넷마블은 AI와 빅데이터 기술이 본격화되기 전인 2014년

AI 센터를 선제적으로 설치해 관련 기술을 개발해 왔다. 현재 빅데이터를 다루는 콜럼버스실과 AI를 다루는 마젤란실로 나뉘어 100여명의 개발자가 게임 속 원천기술을 고도화시키는 중이다. 방 의장은 "이용자 사용 시간, 선호 콘텐츠, 결제 패턴 등을 분석해 개인별로 최적화해 운영하는 게임 속 기술을 타 산업에 접목할 경우 급격히 커지는 스마트홈 시장에 주도권을 가질 수 있다"라며 "기술이 사업을 선도한다"라고 설명했다.

방 의장은 건강이 나빠져 2006년 CJ그룹에 회사를 넘기고 엑시트(투자금 회수)를 했다가 2011년 복귀 요청을 받았다. 그가 없던 5년간 넷마블은 19개 게임을 개발해 11개를 선보였으나 모두 흥행에 참패했다. 나머지 게임 8개는 출시조차 못 했다. 실적이 악화한 회사에 복귀하려는 그를 가족과 주변 지인들은 모두 말렸다. 하지만 오랜 고심 끝에 2011년 복귀를 택했다. 복귀 일성은 PC 게임 개발사 넷마블의 '모바일 전환'이었다. 모바일게임 성장 가능성을 낮게 봤던 업계 안팎에선 우려의 목소리가 쏟아졌다. 그는 스마트폰이 전화기를 넘어 '손안의 컴퓨터'로 대세가 될 것을 확신해 회사의 미래 성장 동력을 모바일에 집중했다.

당시 방 의장은 주변 지인들에게 "상식적, 현실적, 합리적으로 판단하면 복귀해선 안 될 거 같지만, 사업 기회는 그런 판단 너머 새로운 혁신을 할 수 있는지에 달렸다"라며 "성공 확률은 낮지만, 모바일이라는 성장 동력으로 새로운 혁신을 할 자신이 있다"라고 설득했다고 한다.

방 의장 복귀 이후 넷마블은 기사회생해 글로벌 게임사로 발돋움했다. '다함께 차차차(2012년)', '모두의 마블(2013년)', '몬스터 길들이기(2013년)' 등 모바일 히트작이 줄줄이 이어지자 우려의 시선은 점점 기대로 바뀌었다. 2014년 중국 텐센트로부터 5억 달러(약 5800억 원) 투자 유치를 이끌었고 이듬해에는 '리니지' 등 강력한 IP를 보유한 엔씨소프트와의 전략적제휴를 체결했다. 이후 '마블 퓨처파이트(2015년)' '리니지2 레볼루션(2016년)' 등 외부 IP를 활용한 게임이 잇달아 성공했고 2017년에는 유가증권시장(코스피)에 상장했다. 매출은 2011년 2576억 원에서 2018년 2조 213억 원으로 J커브(J자 모양 급상승)를 그렸다.

"이 정도면 진품 흙수저가 아닐까 싶다." 방 의장이 2016년 초 넷마블 신입 사원 연수회에서 자신에 대해 한 말이다. 그는 넷마블 사옥이 있는 서울 구로구 가리봉동 공장 지역에서 유년 시절을 보냈다. 초등학교 때는 학원에 다니고 싶어 신문 배달까지 했으며 성인이 될 때까지 한 번도 자가주택에서 살아본 적이 없었다고 한다. 해당 강연에서 그는 "가난하기 때문에 잃은 것도 많지만 강한 생명력, 강한 열망을 얻게 된 면도 있다"라고 강조했다.

고교 중퇴 후 일반 회사에서 수년간 회사원 생활을 한 그는 30세

32세의 나이에 넷마블을 창업해
오늘날 거대 글로벌 게임사로 성장시킨 방준혁 넷마블 의장은
50대에 접어든 요즘도 생일 축하 케이크에 초를 39개만 꽂는다.

였던 1998년 첫 창업을 했다. 지금의 넷플릭스와 유사한 형태인 '시네파크'라는 주문형 VOD(비디오) 서비스 사업이었다. 하지만 속도가 느린 당시 인터넷 환경에서 영화 VOD 서비스는 한계가 있었고 1년이 되지 않아 사업을 접었다. 이듬해에는 지금의 스카이라이프와 유사한 '스카이 시네마'라는 위성 인터넷방송 사업을 시작했지만, 자금난으로 역시 1년 만에 망했다.

그는 "직장 생활을 한 이유는 사업을 어떻게 하는지 배우기 위해서였다. 준비를 많이 했지만 그래도 잘 안됐다. 하지만 두 차례 실패 과정에서 나는 투자자와 동료에게 신뢰를 잃지 않는 '좋은 실패'를 했다고 생각한다. 내 이익이 아닌 '업'의 성공을 위해 매진했고 투자자와 동료에게 모든 걸 솔직하게 이야기해서다. 덕분에 세 번째 기회를 얻을 수 있었다"라고 말했다.

세 번째 창업 아이템은 게임이었다. 20대 시절 1인칭 슈팅 게임 '퀘이크2'를 즐겼던 그는 자신이 가장 좋아하는 분야에서 승부를 걸기로 했다. 2전 3기 끝에 온 성공이었다. 방 의장은 자신의 사례에 비춰 후배 창업자들이 '준비된 창업'을 해야 한다고 강조했다. 창업이 과거보다 흔해졌고, 지원기관과 자금도 늘었지만 성공과 실패를 가르는 건 창업자의 '열망'이라는 것이다. 그는 "창업에는 직장 생활과 차원이 다른 열정이 필요하다"라며 "친구 따라 덩달아 창업하지 말고, 얼마나 강하게 열망하는지부터 진지하게 생각해야 창업 뒤에

닥쳐올 수많은 고난을 견디고 허들을 넘을 수 있다"라고 말했다.

"내 나이는 39살에 멈췄다." 2015년 넷마블 신년사에서 방 의장이 한 말이다. 생물학적 나이는 들더라도 정신적으로 젊은 감각을 유지해야 할 필요가 있다는 판단에서 하는 자기 다짐이다. 50대에 접어든 방 의장에게 요즘도 생일 축하 케이크에 초를 39개만 꽂냐고 묻자 "그렇다"라는 답이 돌아왔다.

그는 "그렇게라도 나를 일깨우고 계속 다짐하지 않으면 나 스스로 생물학적 나이에 따라 모든 걸 합리화해 버릴 수 있다"라며 "청년만이 가진 열정, 변화에 능동적인 태도, 긍정적인 마음가짐을 항상 되새겨 나가는 게 요즘 나의 관심 사항"이라고 말했다.

'키울 회사'와 '버릴 회사', 이것만 보면 안다

액셀러레이터가 말하는 스타트업이 크는 법

미국 캘리포니아주에 위치한 거대한 사막 '데스밸리'. 미국 서부 개척 시기에 개척자들이 죽음의 계곡이라고 부르며 무서워했던 곳이다. 이 무시무시한 데스밸리가 스타트업계에도 존재한다. 창업 3년에서 5년 차 사이 자금난으로 실패하는 경우가 많은 것이다.

다행히 혼자가 아니다. 데스밸리의 길 안내인 액셀러레이터들이 있다. 이들은 신생 스타트업이 자금난을 비롯해 온갖 시행착오를 겪는 창업 초기를 지나 매출이 가파르게 성장하는 J커브를 그릴 때까지 초기 투자 및 창업 노하우 전수 등을 해준다. 본래 J커브는 환율과 무역수지의 관계를 설명하는 용어지만, 스타트업계에서 그 의미는 다소 다르다. 초기에는 성장곡선이 아래로 내려가면서 적자를 보이지만, 온라인 플랫폼에서 폭발적인 인기를 얻고 서비스가 활성화 되면 매출과 수익이 기하급수적으로 커지는 현상을 말한다. 빠른 속도로 성장하는 대부분의 신생 스타트업은 J자 모양 수익 곡선을 그린다. 특히 사업실적은 없고, 아이디어와 열정만 있는 신생 스타트업에게 액셀러레이터는 '구원의 동아줄'과도 같다.

〈중앙일보〉는 국내 대표 민간 부문 액셀러레이터 이택경 매쉬업 엔젤스 대표, 송경복 펑키브로 대표와 공공부문 액셀러레이터인 이지선 오즈인큐베이션센터 센터장을 만나 스타트업을 키우는 법을 물었다. 이재웅 현 쏘카 대표와 함께 다음커뮤니케이션을 창업했던 이택경 대표는 2013년 매쉬업엔젤스를 창업해 지금까지 75개의 ICT(정보통신기술) 스타트업을 발굴해 왔다. 국내 1세대 벤처기업 홍보 전문가인 이지선 센터장은 판교에 있는 경기도 스타트업 캠퍼스와 연계한 보육 프로그램으로 창업 3년 이내 스타트업 60곳을 지원하고 있다. 송경복 대표는 페이스북에 특화된 마케팅 기법으로 현재 스타트업 20곳을 키우고 있다.

스타트업의 성장과정은 크게 네 단계로 나눌 수 있다. 첫 번째 엔젤투자는 개인 돈이나 국가의 창업 관련 기금을 활용해 창업하는 시기를 뜻한다. 두 번째는 시드 투자로, 제품·서비스를 개발 및 론칭했으나 본격적인 매출이 나오지 않은 상태다. 통상 액셀러레이터는 이때 투자한다. 세 번째는 벤처캐피털(VC)의 본격적인 투자로 사업을 확대하는 단계다. 마지막 과정인 엑시트는 창업자의 IPO(기업공개) 및 M&A(인수합병)으로 벤처캐피털들이 투자금을 회수하는 것을 말한다.

액셀러레이터는 아이디어와 시제품만 있는 스타트업에 적게는 5000만 원에서 많게는 3억 원까지 시드머니를 투자한다. 전통적 금융 투자 관점에서 보면 초창기 스타트업 대부분은 투자 부적격 회사다. 회사의 가치를 입증할 매출 등 객관적 지표도 없고 비전 또한 구체적이지 않아서다. 그런데도 옥석을 구분해 키울 회사와 버릴 회사를 가려야 하는 게 액셀러레이터의 역할이다. 이택경 대표는 이런 스타트업 발굴 과정을 포커판에 비유했다.

"초기 스타트업 투자는 카드가 한 장만 뒤집어진 포커판과 같다. 하나씩 카드를 열어 볼수록 베팅 금액을 늘릴 수 있겠지만, 처음 한 장만 보고 판단하기에는 정보가 제한적이라 어렵다. 그래서 첫 단계에서는 팀과 사람을 볼 수밖에 없다. 우리는 창업자가 배수의 진을 칠 정도로 창업 의지가 강한지, 그의 팀이 같은 가치관을 공유하고 있는지 등을 면밀히 살핀다."

창업자와 함께 일하는 팀 구성도 중요하다. 이지선 센터장은 나와 같은 가치를 공유하는 팀을 먼저 만들라고 조언한다. "연예 기획사가 아이돌그룹 안에 노래, 춤, 예능 담당을 두듯이 스타트업 내에서도 핵심 분야를 직접 담당할 사람이 필요하다. 한 번은 노인 행동을

+ 스타트업의 성장 단계

사업 기획 단계 **엔젤투자**	개인 돈이나 국가의 창업 관련 기금 등을 활용해 창업하는 초기 단계
제품·서비스의 개발·론칭 **시드 투자**	창업 이후 본격적인 매출이 나오기 전까지의 단계로 통상 액셀러레이터들이 5000만~3억 원 사이 금액을 투자
사업 확장 **시리즈 A, B, C 투자**	사업을 확대하는 단계로 벤처캐피털의 본격적인 투자가 이뤄진다. 시리즈 A의 경우 통상 10억~30억 원, 시리즈 B는 30억~100억 원, 시리즈 C는 100억 원 이상 되는 경우가 많다.
IPO 및 M&A **엑시트**	회사를 M&A하거나 증시에 상장해 벤처캐피털들이 투자금을 회수하는 단계

분석해 치매 예방을 할 수 있게 하자는 아이디어를 가져온 창업자가 있었다. 상은 많이 받았는데 팀 내에 메디컬 전문가가 한 명도 없었다. 어떻게 할 거냐 했더니 아는 교수가 많다고 하기에 돌려보냈다. 다른 부분은 몰라도 핵심 영역은 누가 도와줄 수 없어서다"라고 그는 말한다.

때로는 객관적 지표를 세워 투자하기도 한다. 펑키브로는 스타트업 발굴에 SNS(소셜네트워크서비스) 마케팅을 활용한다. 괜찮은 사업 계획이 있으면 SNS 광고를 만들어 일정 기간 마케팅을 한 다음, 여기서 나온 결과를 보고 투자를 결정하는 것이다. 송 대표는 "3개월이든 6개월이든 같은 금액으로 광고했는데 앱을 설치한다든가, '좋아요'를 누르거나, 공유하는 정도가 유달리 좋은 제품·서비스가 있다. 그런 스타트업의 가능성을 높게 본다. 스타트업 대부분이 초기 단계에는 매출이 형편없거나 아이디어만 있고 손가락만 빠는 경우가 많은데 이들에게 수익률 등 객관적 지표를 요구하는 것은 의미가 없다"라고 설명했다.

액셀러레이터는 일반 벤처캐피털리스트와 구분된다. 투자에 더해 스타트업에 코칭을 해주는 멘토의 역할도 겸하기 때문이다. 이 센터장은 "창업자는 앞만 보고 달려갈 수밖에 없다. 하지만 회사는 창업자 의지대로만 되는 게 아니다. 꿈을 향해 달리는 창업자가 균형을 맞출 수 있도록 선배 창업자가 그들에게 저쪽에 낭떠러지가 있다는 점을 알려줘야 한다"라고 말했다.

송 대표는 스타트업일수록 페이스북 마케팅이 중요하다고 강조했다. 그는 "스타트업에 최적화된 마케팅 도구가 페이스북이다. 어느 지역, 어떤 연령대의 사람이 자신의 제품에 열광하는지 찾을 수 있기 때문이다. 또 원래 아이템이 잘 안되면 다른 쪽으로 사업 방향을 틀기도 쉽다. 페이스북 성과를 근거로 벤처캐피털의 투자를 받기도 편하다"라고 말했다.

초기 스타트업의 경우 인맥부터 조직관리까지 경험이 전무해 선배 창업자들의 노하우를 배우는 게 중요하다. 이 대표는 "맨땅에 헤딩하는 것을 피할 수 있게 재무·회계·법률 기초부터 지속해서 가르친다"라며 "대형 벤처캐피털의 후속 투자를 유치할 수 있도록 네트워킹 기회도 꾸준히 제공한다"라고 말했다.

지금까지 수많은 스타트업의 성장을 지켜본 그들이 꼽는 스타트업 성공 비결은 무엇일까. 일반적인 생각과는 다른 역발상을 꼽았다. 오즈인큐베이션센터에 둥지를 틀고 있는 와이즐리는 면도날과 면도기를 배송하는 스타트업이다. 글로벌 대기업의 면도날이 몇만 원대로 비싼 점에 착안해 독일에서 부품을 들여와 한국에서 조립하는 시스템으로 가격을 낮췄다. 첫 구매 시 8900원에 면도기와 면도날 2개를 무료 배송하며, 재구매 시 면도날 4개를 9600원에 배달하는 서비스를 내놨다. 론칭 1년 만에 직원 수를 3명에서 12명으로 늘릴 정도로 성장 중이다. 이 센터장은 "면도기가 왜 비싸야 하나에 착안한 성공 사례"라고 설명했다.

펑키브로가 투자하고 있는 루이도 역발상 스타트업이다. 전 세계 디자이너들에게 크라우드소싱(기업활동 일부 과정에 대중을 참여시키는 것) 형태로 디자인을 받아 소량의 신발을 제작해주는 플랫폼이다. 통상 디자인을 제출하면 해당 브랜드의 이름으로 신발이 제작되

❝ 스타트업은 배고픈 직업, 그래도 끝까지 버텨라. ❞

송경복 펑키브로 대표

❝ 내가 보고 싶은 것을 보지 말고 고객의 눈으로 봐라. ❞

이택경 매쉬업엔젤스 대표

❝ 나와 같은 가치를 공유하는 팀을 먼저 만들어라. ❞

이지선 오즈인큐베이션센터 센터장

는데 루이는 디자이너가 자신의 브랜드로 신발을 제작할 수 있게 했다. 2013년 부산에서 창업해 판교에서 성장한 루이는 사무실을 미국 시애틀로 옮겼다. 송 대표는 "소품종 대량생산이 정석이었던 신발을 다품종 소량생산으로 바꾼 경우"라고 말했다.

명함 앱 '리멤버'로 잘 알려진 스타트업 드라마앤컴퍼니는 매쉬업엔젤스에서 성장해 2017년 말 네이버에 인수됐다. 창업 당시 다른 명함 입력 앱이 있었지만 후발 주자인 '리멤버'가 시장을 장악했다.

선행 주자들이 명함 스캔 후 인식기술의 정확도 향상에 총력을 다하는 동안, '리멤버'는 수작업으로 명함을 입력해 정확도를 높였다. 이후 데이터베이스가 쌓인 뒤 자동 입력방식으로 바꿨다. 이 대표는 "같은 목적이라도 방법을 다르게 접근해 시장을 선점했다"라고 말했다.

'바람의 나라'와 '리니지'를 이을 다음 게임은?

엑스엘게임즈 대표 송재경

"송재경은 (KAIST) 컴퓨터실에서 가장 오랜 시간을 보내는 두 사람 가운데 하나였다. 학기초엔 아예 컴퓨터 관리자에 지원한다. 그는 전산실에 살다시피 했다. 송재경은 한국 최초의 24시간 PC방 알바였다."

넥슨의 창업 과정을 다룬 책《플레이》에 나오는 송재경 엑스엘게임즈 대표에 대한 묘사다. 송 대표는 서울대학교 컴퓨터공학과 86학번 동기인 김정주 NXC 대표와 함께 1994년 넥슨을 창업했다. 그곳에서 세계 최초 온라인 그래픽 게임 '바람의 나라'를 만들었지만 완성을 보지 못하고 퇴사했다.

1998년엔 서울대학교 전자공학과 85학번인 김택진이 세운 엔씨소프트에 합류해 '리니지'를 만들었다. 하지만 사업 방향을 놓고 갈등을 빚다 2003년 회사를 나갔다. 그리고 바로 자신의 게임 회사인 엑스엘게임즈를 세웠다. 그 후 십수 년간 송 대표가 만든 두 게임은 한국 IT 산업의 부흥을 일궜다. '리니지M(리니지 모바일 버전)'은 아직도 초히트 게임이다. 그가 개발에 참여해 1996년 출시한 '바람의 나라'의 IP를 이용한 모바일게임 '바람의 나라: 연'이 2019년 출시됐을 정도다. 그들이 몸담았던 두 스타트업은 현재 대한민국 IT, 게임업계를 대표하는 거대 기업이 됐다. 천재 개발자로 불렸던 송 대표에겐 한국의 워즈니악이란 꼬리표가 따라붙었다. 스티브 잡스와 함께 애플을 창업해 기반을 다졌으나, 이후 애플을 떠난 스티브 워즈니악에 빗댄 별명이었다.

경기 성남 판교 밸리에 있는 엑스엘게임즈 본사에서 만난 송 대표는 한국의 워즈니악이라는 별명에 대해 "난 잠깐 운이 좋아서 반짝했던 것뿐인데, 그렇게 불러주면 완전 영광"이라며 웃었다. 코드 짜기에 몰두하던 중 인터뷰를 하러 나온 그는 슬리퍼 차림에 수염이 덥수룩한 상태였다. 피곤해 보였지만 눈만은 유난히 반짝거렸다. 송 대표는 수년 만에 일간지와 인터뷰를 하는 자리였다. 그는 한국 게임산업에 대해 "돈 버는 게임에 안주하지 말고, 규제 탓하지 말고, 새로운 예술적 게임을 개발해야 한다"라고 강조했다.

Q **어떻게 지내나.**

A "게임 개발을 열심히 하고 있다. 지금 서비스 중인 게임 '아키에이지'와 새로 나올 MMORPG(다중접속역할수행게임)인 '달빛조각사'를 열심히 만들고 있다(이 게임은 2019년 10월 출시됐다. 인터뷰는 게임 출시 전인 그해 3월에 진행됐다_저자 주). 요즘 내가 짜는 코드는 당장 시급한 프로그램은 아니고 게임 개발 툴 관련 코드다. 최근 5~6년간 질풍노도의 시기를 보내느라 코딩을 제대로 못 했는데 다시 마음의 안정을 찾고 코딩을 하게 됐다. 이런 말을 하면 꼰대 소리 듣겠지만 매주 월요일 아침 회사에 오는 게 설렌다."

Q **판교에 산다고 들었다.**

A "회사가 판교로 옮기면서 나도 이사 왔다. 물가 비싼 것만 빼곤 다 좋다. 깨끗한 데다 밤이 되면 사람들이 다 빠져나가 조용해지니 더 좋다."

Q **회사 홈페이지에 쓰인 '나는 게임한다. 고로 존재한다'라는 문구가 인상적이다.**

A "앞으로 AI가 상당 부분 사람이 하는 일을 대체할 것이다. 수십 년 뒤 사람만이 할 수 있는 일은 뭐가 남아있을까 생각해봤다. 그래도 게임은 사람만의 영역으로 존재하지 않을까. AI가 굳이 즐거움을 위해 뭔가를 하지는 않을 테니까. 그래서 넣은 문구다."

Q **김정주 NXC 대표와 함께 창업했다.**

A "대학 1학년 때 정주네 집에 지하철 2호선을 타고 자주 갔다. 한창 빌 게이츠가 마이크로소프트를 창업하고 회사를 키우던 때였다. 빌 게이츠처

게임의 전설로 꼽히는 '바람의 나라'와 '리니지'를 만든
송재경 엑스엘게임즈 대표의 꿈은 '갓 게임'을 개발하는 것이다.

럼 우리도 뭘 해보자는 대화를 많이 나눴다. 원래 게임을 좋아했던 터라 개발을 해보고 싶었는데, 이런저런 여건이 맞지 않았다. 그러다 투자하겠다는 사람이 나타났고 정주와 함께 창업했다."

Q 창업 초기엔 어땠나.

A "테헤란로에 있는 오피스텔에 사무실을 냈다. 그때가 일과 관련된 면에서 전성기라고 생각한다. 집에 안 가고 오피스텔 2층 침대에서 자다 일어나 코딩하다가, 밥 먹고 다시 자고 그랬다. 바깥세상에서 돌아가는 시간과 무관하게 사무실 안의 시간은 따로 흘렀다. 사정 모르는 사람이 보면 감금 생활 같다고 오해할 수도 있었을 것이다. 하지만 정주가 시킨 건 아니다. (웃음) 내가 재밌고 좋아서 스스로 한 것이다."

Q 엔씨소프트에 합류해 만든 '리니지'가 20년째 흥행몰이 중이다.

A "내가 터를 닦은 게임이라 오래 서비스되는 게 좋기는 한데 마냥 좋은 일인지는 잘 모르겠다. 게임도 좀 발전해야 하는데, 20년 전 리니지가 아직도 톱을 차지하고 있는 게 현실에 안주하는 느낌이다. 더 분발해야겠다는 생각이 든다."

송 대표는 한국의 1세대 게임 개발자로, 당시 돈도 상당히 벌었다. 2002년 한 증권 정보 분석 업체가 발표한 국내 50대 젊은 부호 명단에서 당당히 29위에 이름을 올리기도 했다. 이 명단에서 1위는 이재용 당시 삼성전자 상무보였으며 김택진 대표가 3위였다. 하지만 엔씨소프트를 떠나 자신의 회사를 창업한 이후에는 적어도 사업적 측면에선 기존만큼 성과를 내진 못 했다. 그는 "난 돈 버는 쪽에는 밝지 않은데 정주는 그쪽에 소질이 있었다. 개발자가 지녀야 할 능력과 부를 이루는 능력은 조금 다른 능력인 것 같다"라고 말했다.

Q '리니지' 이후 만든 게임들이 '리니지'만큼 흥행하진 못했다.

A "승자의 저주랄까. '리니지'를 개발할 때는 환경이 굉장히 열악했다. 개발 팀도 적었다. 그래서 선택과 집중을 잘할 수 있었다. 하지만 이후엔 훨씬 풍족한 상태에서 게임에 이것저것 다 넣다 보니 뭔가 욕심이 생겨 잘 안 된 게 아닌가 싶다."

한국 IT 업계의 산증인인 그는 미래 게임 산업에 대해 어떻게 전망할까. 수년 전 그는 한 외부 강연에서 "콘솔게임의 미래는 없다"라고 말해 논쟁을 불러일으켰다. 지금도 그렇게 생각하는지 물었다.

"전혀 아니다. 지금은 콘솔게임의 장래가 밝다고 생각한다. 오히려 PC 게임의 장래가 어두워지고 있다. 사람들의 생활 패턴이 집에서 PC를 잘 사용하지 않는 방향으로 가고 있어서다. 소파에 앉아 스마트폰을 보거나 TV를 본다. 모바일게임과 TV와 붙어있는 콘솔의 장래는 밝다."

Q 한국 게임은 비슷비슷하다는 지적이 많다.

A "고민스러운 부분이다. 처음 MMORPG가 나왔던 20년 전만 해도 여러 명이 하나의 게임을 같이할 수 있다는 점만으로 굉장히 재밌었다. 그런데 요즘엔 거의 모든 게임을 통신망을 통해 여러 사람이 즐길 수 있다. 그렇다면 함께 즐기는 것 이외의 재미를 찾아야 하는데 지금 대부분의 게임사는 돈을 버는 게임에만 집중하고 있다."

Q 규제 문제를 지적하는 이들도 있다.

A "한국 개발자로서는 숙명이다. 우리에겐 '눈 가리고 아웅' 하는 문화가 있다. 모두 다 뒤에선 즐기지만 대놓고 즐기는 것은 문제 삼는 그런 문화다. 25년간 게임 개발자로 산 터라 이제는 그러려니 한다."

송 대표에게 개발자로서 남은 꿈은 무엇일까. 두 전설의 게임 '바람의 나라'와 '리니지'를 개발한 송 대표지만 놀랍게도 "'갓 게임(예술성도 있고 재미도 있어 아주 높은 평가를 받는 게임)'을 개발하는 것"이라고 딱 잘라 말했다. 그는 "돈 버는 게임, 사용자 우려먹는 게임 말고 정말 누가 봐도 탄성을 자아내는 예술적인 게임을 만들고 싶다"라며 "돈 벌어서 예술을 한다고 욕을 먹더라도 꼭 해보고 싶은 일"이라고 강조했다. 25년째 천재 개발자 소리를 들어온 그의 눈은 이 이야기를 할 때 가장 반짝거렸다.

에듀 테크,
게임중독에서 답을 찾다

에누마 대표 이수인

앞서 언급했듯이 수많은 스타트업의 흥망성쇠를 지켜본 액셀러레이터들이 최근 성공하는 스타트업의 공통점으로 꼽은 첫 번째가 역발상이었다. 단순히 남들과 다르다는 차원을 넘어서 기존의 편견에 맞서는 역발상으로 세상을 변화시키는 이들이 있다. 게임중독을 공부 중독으로 바꾼 앱 '에누마'의 이야기다.

자녀를 둔 학부모들에게 게임은 공공의 적이다. 세계보건기구(WHO)가 '게임중독=질병'이라는 공식 결론까지 내렸으니 게임은 유해한 것이라는 인식이 대세인 듯하다. 미국 실리콘밸리에 본사를 둔 에누마는 이 같은 시대적 분위기에 정면으로 반기를 든 이들이 모여 만든 에듀테크 스타트업이다. 회사 구성원 중 30퍼센트 이상이 엔씨소프트, 넥슨 등 국내 대형 게임사 출신인 이 회사에서 만든 '토도수학'은 게임의 원리를 활용한 수학 학습 앱으로 유명하다. 유치원생부터 초등학교 저학년까지 게임을 하듯 수학을 익혀나간다. 미국에서 1400여 개 초등학교 교실에서 '토도수학'이 정규수업 교재로 활용되고 있다. 2014년 출시 후 전 세계 누적 다운로드 건수가 700만 건에 이른다. 20여 개국 앱스토어에서 어린이·교육 분야 1위를 차지하기도 했다. 국내에서도 '토도수학'을 추천한다는 후기가 줄을 잇고 있다. 지금까지 실리콘밸리를 포함해 국내외 벤처캐피털로부터 총 900만 달러(107억여 원)를 투자받았다. 도대체 이 회사는 게임이라면 질색하는 이들의 마음을 어떻게 움직였을까.

창업자인 이수인 대표를 만난 2019년 5월 27일은 WHO가 게임 이용 장애에 질병코드를 부여한 날이었다. 그는 약 일주일 한국에 머물다 다시 본사가 있는 미국 버클리로 돌아간다고 했다. 이 대표는 "게임은 인간에게 감동과 이익을 줄 수 있는 장점이 많은 매체인데, 이런 장점을 잘 활용하지 못하고 역기능을 불러일으켜 사회적으로 논란이 커지는 상황이 안타깝다"라고 말했다.

"잘 만들어진 게임은 매우 짧은 시간 안에 재미와 몰입을 이끌어 낸다. 해외에선 게임의 장점인 유저몰입기법을 학습·의료·공공 분야에 접목해 활용한다. 이른바 '게이미피케이션(Gamification·게임이 아닌 분야의 문제해결에 게임적 사고와 과정을 적용하는 일)'이다. 게임은 고래도 춤추게 한달까. 예컨대 비만 환자를 집 밖에 나가게 하고 우울증에 걸린 환자 기분을 좋아지게 할 때 게임을 활용하는 식이다. 우리 앱도 그 연장선상에서 만들어졌다. 초등학교 2학년만 되면 '수포자(수학을 포기한 사람)'가 나온다는 것은 학습 방법에 문제가 있다는 뜻이다. 아이들이 게임에서 재미를 느끼는 요소를 도입해 연습의 지루함을 견디고 학습을 많이 할 수 있게 해준다면, 게임이 지금까지와는 다른 차원에서 사회에 기여하는 것이다."

실제 에누마의 교육 앱 화면은 '애니팡', '앵그리버드' 등 모바일게임을 연상시킨다. 문제를 맞혔을 때 나오는 효과는 마치 캐주얼 게임에서 '짜잔' 하는 효과가 나오는 것처럼 재밌게 꾸며져 있다. 이 대표는 "어떤 게임은 한 달 만에 질리지만 어떤 게임은 10년 넘게 인기를 끈다. 한국 온라인게임은 대규모 업데이트를 통해 계속해서 새로운 배경을 보여주고 게임 방식을 바꿔 사람들이 지루해하지 않게 붙드는 걸 잘한다. '리니지' 등을 사람들이 오래 할 수 있는 것도 그래서다. 우리는 이 같은 장점을 교육 앱에 적용했다"라고 말했다.

이 대표와 남편 이건호 공동대표는 모두 국내 최대 게임사 중 하나인 엔씨소프트 출신이다. 서울대학교에서 컴퓨터공학을 전공한 남편은 리니지2 서버 팀장 등 개발 쪽 일을 했고 같은 학교 조소과를 나온 아내는 게임 디자인을 담당했었다. 그러다 2008년에 남편이 UC 버클리 컴퓨터공학 유학을 결정하면서 두 사람 모두 엔씨소프트를 퇴사했다.

　미국에 간 뒤 얻은 첫 아이는 이 대표와 남편이 교육 스타트업을 창업하는 데 결정적 계기가 됐다. 학습장애를 안고 태어난 아이를 본 의사가 그들에게 직업을 물었다. 게임을 만든다고 하자 "환상적이다. 이 아이에겐 그런 재능을 가진 부모가 필요하다"라는 답변이 돌아왔다. 그 길로 그들은 장애가 있는 아이들도 몰입해 공부할 수 있게 도와주는 프로그램 개발에 나섰다.

　"처음엔 직업이 게임 개발자라고 밝히기 부끄러웠는데 의사가 그렇게 말해주니 정말 감동했다. 기존 소프트웨어들을 찾아보니 너무 재미없게 만들었더라. 우리가 이보다 더 잘 만들 수 있겠다 생각했다."

　그렇게 시작된 앱 개발은 2012년에 실리콘밸리 유명 벤처캐피털인 K9 벤처스 설립자 마누 쿠마르를 만나면서 본격화된다. 시제품을 본 쿠마르가 트위터로 "너희가 있는 곳이 창업하기 가장 좋은 실리콘밸리 아니냐. 성공하더라도 여기서 성공해야 크게 성공한다"라며 30만 달러(약 3억 5000만 원)를 투자했다. 첫 사무실은 UC 버클리 인근에 살던 집 1층에 냈다. 2년 뒤 '토도수학'을 출시했고 소프트뱅크벤처스 코리아, C프로그램, 옐로우독 등 유수의 벤처캐피털로부터 잇달아 투자를 유치했다.

　'토도수학'으로 성공적인 데뷔전을 치른 에누마는 본격적인 도약

아프리카 탄자니아 170개 마을에
에누마가 개발한 앱을 탑재한 태블릿 PC를 배포한 결과,
단어 하나도 못 읽던 93퍼센트 이상 아이들이
15개월 뒤 절반 이상이 상당수 단어를 읽고 쓰게 됐다.

을 위해 테슬라 CEO인 일론 머스크가 기금을 낸 '글로벌 러닝 엑스프라이즈'에 도전했다. 엑스프라이즈는 인류가 해결해야 하는 문제 중 잘 풀리지 않은 사안에 거액의 상금을 걸어, 해법을 찾아내고 혁신을 유도하는 세계 최대 비영리 벤처 재단이다. 이번 문제는 아프리카 등 교사가 부족한 개발도상국 아이들의 문맹 해결이었다. 2014년부터 진행된 이 경연에 전 세계 스타트업 198개가 참여했고, 에누마도 언어·수학·아동 발달·음악·미술 과목 등을 모두 학습할 수 있는 앱 '킷킷스쿨'을 만들어 동참했다.

이 대표는 "초창기 게임은 사용자들에게 불친절하고 어려웠지 않나. 심지어 점프를 못 해서 죽는 게임도 있었다. 그런데 어느 순간 우리나라에 '라이트 게이머' 시대가 왔다. 누구나 간단히 할 수 있는 게임이 인기를 끌었다. 우리는 '킷킷스쿨'에 이 같은 시대적 흐름을 적용했다. 사용자친화적으로 최대한 오래 할 수 있게 어르고 달래고 보상을 줘서 끝까지 공부할 수 있게 했다"라고 말했다.

2017년 9월 에누마는 본선 진출 5개 팀에 포함됐다. 본선 진행 방식은 아프리카 탄자니아 170개 마을에 각 스타트업이 개발한 앱을 탑재한 태블릿 PC 2700개를 배포하고, 2017년 12월부터 15개월 뒤 가장 교육성과가 좋은 앱을 선정하는 것이었다. 우승 상금만 500만 달러(약 59억여 원). 에누마는 런던에 기반을 둔 비영리단체 원빌리언과 함께 공동 우승의 영예를 안았다.

"태블릿 PC를 받은 아이들이 충전하려면 매일 마을에서 30분 거리에 있는 충전소까지 가야 했다. 그런 번거로움에도 불구하고 아이들이 일주일에 12시간 넘게 스스로 스와힐리어를 공부했다. 처음엔 93퍼센트 이상의 아이들이 단어 하나도 못 읽었는데 15개월 뒤 절반 이상의 아이들이 상당수의 단어를 읽고 쓸 수 있을 정도로 발전했다. 게임이 지닌 위대한 힘 아니고선 설명할 수 없는 일이었다."

현재 '킷킷스쿨'은 비정부기구를 통해 우간다, 케냐, 탄자니아 등 개발도상국에서 시범 서비스 중이다. 이 대표는 "우리의 목표는 '세계 모든 사람이 초등학교 2학년 수준의 읽기, 쓰기, 셈하기를 할 수 있는 사회'를 만드는 것"이라며 "누군가 악용하면 돈벌이 수단에 그칠지 모르는 게임이지만, 이를 잘만 활용한다면 인류가 불가능하다 생각했던 일들을 해결할 수 있다"라고 말했다.

혁신의 힘은
사람에서 나온다

엔씨가 대학까지 세운 이유

판교에 대학이 있다는 사실을 아는가. 한 해 개설되는 강좌 수만 200여 개에 달한다. 작은 규모의 대학에 버금가는 수준이다. 강좌 분야도 다양하다. 게임 기획과 개발, 기술 동향 관련 강좌는 물론 리더십과 문화예술 관련 과정도 있다. 엔씨소프트의 연구개발 센터 내 C동 3층에 위치한 사내대학, 이름하여 '엔씨 유니버시티'다. 학생은 이곳 직원들이다.

수강 신청 경쟁은 일반대학 못지않다. 직원들의 관심이 많은 스토리텔링, 콘텐츠 제작 등 인기 수업은 5분이면 신청이 마감된다. 개설 강좌는 사내 인트라넷에 수시로 뜬다. 강사는 대학의 교학과와 비슷한 역할을 하는 유니버시티 팀이 섭외한다. 분야별로 최고 전문가를 우선 모신다. 문화 수업인 엔씨 컬처 클래스에는 나영석 PD, 비올라 연주자인 리처드 용재 오닐, 역도선수 장미란, 가수 강원래, 혜민 스님 등이 강사로 섰다.

강의의 수준과 깊이도 상당하다. 짧게는 1~2시간짜리 특강부터 길게는 외부 자격증 취득을 돕는 30시간 이상의 강좌까지 진행된다. 모든 수업은 일과 중에 진행된다. 덕분에 근무 중 강좌를 들으러 가는 일이 자연스럽다. 수강 횟수도 제한이 없고, 모두 무료다. 직원의 가족과 친구 등과 함께 참여할 수 있는 프로그램도 있다.

엔씨 유니버시티는 사내 인력의 역량을 키워주는 일이 결국 회사의 발전으로 이어질 것이라 생각한 김택진 엔씨소프트 대표 주도로 2013년 세워졌다. 사옥 1개 층 전체를 할애해 전용공간을 마련했다. 엔씨소프트 관계자는 "엔씨 유니버시티에 대한 직원들의 만족도가 매우 높다"라며 "다양한 지식을 접하면 게임 개발의 폭과 깊이도 더 확대될 것이란 게 김 대표의 생각"이라고 소개했다.

직원들의 실력이 곧 기업의 성장으로 이어진다는 관점이 이곳 판교에는 보편적이다. IT 기업 경쟁력의 핵심은 사람과 그 사람의 실력이라는 것이다. 미국 실리콘밸리를 떠받치는 힘도 결국 인재라는 분석이 많다. 실제 2018년 실리콘밸리 리더십 그룹 등이 펴낸 〈실리콘밸리 경쟁력 보고서(SVCIP)〉에 따르면 미국 주요 대도시권 중 실리콘밸리 일대는 비즈니스 비용이 4~6위권에 들 정도로 많은 지출이 있음에도 불구하고, 실리콘밸리 지역 인재들의 노동 생산성은 다른 지역을 압도하는 것으로 나타났다. 기업 입장에선 돈이 많이 들어도, 실리콘밸리에서 사업을 지속 해야 하는 이유다.

정광호 서울대학교 교수(개방형혁신학회 부회장)는 "실리콘밸리의 비즈니스 비용이 다른 지역보다 압도적으로 높아도 지속해서 이 지역 기업이 성장하는 것은 결국 지속해서 인재가 유입되는 동시에, 기존 인재들의 실력이 고도화되고 있기 때문"이라며 "우리 기업들도 우수한 인재를 뽑는 데에만 주력할 게 아니라 이들이 지속적으로 실력을 키워갈 수 있도록 해야 한다"라고 말한다.

직원들의 성장을 독려하는 판교 테크노밸리(이하 판교 밸리) 기업의 또 다른 사례가 한글과컴퓨터다. 한글과컴퓨터는 2019년 초부터 미국서 열리는 'CES(세계가전전시회)'나 스페인에서 열리는 'MWC(모바일 월드 콩그레스)' 같은 해외 IT 관련 전시회에 파견하는 출장단의 규모를 기존의 3~4배 정도로 키웠다. '해외 현지에서 빠르게 변하는 기술의 흐름을 직접 느껴야 한다'는 김상철 회장의 지론에 따른 것이다. 한컴판 '신사유람단'이다. 한글과컴퓨터는 2019년 1월 미국 라스베이거스에서 열린 'CES 2019'에 48명의 출장단을 보냈다. 이 중 25명은 임원이 아닌 실무급 직원이었다. 바르셀로나에서 열린 'MWC 2019'에는 이보다 많은 63명을 파견했다.

직원만 가는 게 아니다. 매년 우수한 근무 성적을 낸 직원과 가족

엔씨 유니버시티는 사내 인력의 역량을 키우는 일이
회사의 발전으로 이어진다는 김택진 대표의 철학으로 2013년에 세워졌다.

을 동반해 단체로 해외여행을 보내주는 프로그램도 있다. 2019년에는 직원과 그 가족 등 96명이 미국 하와이로 떠났다. 김 회장은 2019년 초 "회사가 미래로 가기 위한 주체는 직원이 되어야 하고, 시스템 경영을 위해서도 직원이 중심이 되어야 한다"라고 강조한 바 있다.

규모가 크지 않은 스타트업들도 직원들의 실력 키우기에 힘을 쏟는다. 부동산 플랫폼 '다방'을 운영하는 스테이션3은 홀수 달마다 부동산 업계 전문가들을 초빙, 다양한 주제의 부동산 강연을 진행한다. 스테이션3 임직원들의 평균연령이 30대 초반으로 비교적 부동산 거래 경험이 적어, 부동산업에 대한 이해가 적을 수밖에 없다는 판단에서다. 강연은 전문적인 부동산 용어는 물론 국내 부동산시장의 흐름과 앞으로 부동산시장의 변화 방향 등을 설명한다.

종합숙박·액티비티 플랫폼인 '여기어때'의 운영사인 위드이노베이션은 직원들에게 읽고 싶은 책을 무제한 살 수 있도록 비용을 지원한다. 독서는 창의력의 기초라는 믿음에서다. 구매한 책은 직원 개인 소유다. 직원 스스로 학습 모임을 만들어 활발히 활동하는 경우도 있다. 포스코ICT에는 현재 100여 개의 학습 동아리가 활동 중이다. 회사도 학습 열기에 맞춰 교육 참가와 도서 구매에 필요한 비용과 사무실을 지원한다. 학습 동아리의 연구과제가 회사의 정식 프로젝트로 추진돼 사업화되기도 한다.

한 예로 AI 연구회 학습 동아리가 내놓은 'AI 기반 안면 인식 솔루션'은 2018년부터 포스코ICT 판교 사무소의 출입 인증시스템으로 시범 적용되는 동시에 사업화가 진행 중이다. 이 솔루션 개발에 참여한 백지현 차장은 "AI 기술에 관심이 많았는데, 마침 주변에 관심 분야가 비슷한 동료들이 있어 학습 동아리를 만들었다"라며 "하루가 다르게 새 기술이 쏟아져 나오는 만큼, 필요한 기술을 스스로 공부해 나 자신의 경쟁력을 키워나갈 것"이라고 말했다. 기존의 것을 답습하지 않고 끊임없이 새로운 것을 익히고 시도하는 노력, 혁신의 원동력은 바로 여기에 있다.

인플루언서는 '까다로운 소비자'로 진화하는 중

애드히어로 대표 김진아

기존의 광고는 누구나 알법한 유명한 연예인이 20초가량 TV 광고에 잠깐 얼굴을 비추면서 제품을 설명하는 게 전부였다. 이제는 특정 분야에서 영향력을 행사하는 인물이 제품을 직접 체험해보고 그 후기를 공유하면서 다른 고객을 끌어들이는 '인플루언서 마케팅 (Influencer Marketing)'이 큰 효과를 거두고 있다. '인플루언서'는 '영향을 주다'는 뜻의 영어단어에 사람을 뜻하는 접미사가 붙은 신조어다. 이들은 페이스북, 유튜브 등 SNS에 자신이 만든 독창적인 콘텐츠를 올리고 공유한다. KB금융지주경영연구소에 따르면 2015년 5억 달러(약 5900억 원)였던 인플루언서 마케팅 글로벌시장규모는 매년 꾸준히 늘어나 2020년에는 100억 달러(약 11조 8000억 원)로 성장할

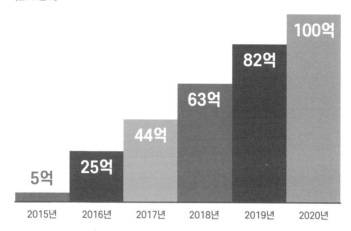

+ 인플루언서 마케팅 글로벌시장규모　　　　　　　　자료: KB금융지주경영연구소

(단위: 달러)

2015년	2016년	2017년	2018년	2019년	2020년
5억	25억	44억	63억	82억	100억

것으로 예상되고 있다.

애드히어로는 이런 상황 속에서 태어난 스타트업이다. 기업과 인플루언서를 연결해주는 플랫폼 '브릭씨'를 운영한다. 이들이 기업과 연결해준 인플루언서는 걸그룹 나인뮤지스 출신 소진, EXID 혜린 등 연예인을 포함해 2만 명이 넘는다. 2018년 1월 출시 이후 2019년 7월까지 614개 브랜드, 2016건의 마케팅 캠페인을 진행했다. 한 번 '브릭씨'를 이용한 이들이 다시 이용하는 재구매율은 71.9퍼센트로 업계 1위다. 네오위즈홀딩스의 투자 전문 자회사 네오플라이 등

이 주요 투자자다.

경기 성남시 네오위즈 판교타워에서 김진아 애드히어로 대표를 만났다. 카카오모빌리티가 인수한 카풀 서비스 '럭시'의 기획자 출신인 그는 "제품, 가게를 알리고 싶은 소상공인과 중소기업들에 인플루언서 마케팅은 효과적인 도구"라고 설명했다.

Q 인플루언서 마케팅이 무엇인지 설명해 달라.

A "요즘 소비자는 '누가 이야기하냐'를 중요시한다. 돈 주고 물건을 살 때 기왕이면 내가 좋아하는 사람이 말하는 것을 더 선호한다는 것이다. 많은 구독자를 보유한 인플루언서의 영향력이 강해진 이유다. 2019년 〈포브스〉가 선정한 21세의 최연소 억만장자 카일리 제너를 봐라. 옛날 기준으로 보면 그냥 연예인 동생일 뿐인 일반인이었다. 하지만 1억 명이 넘는 인스타그램 구독자 수는 그를 10억 2000만 달러(1조 2000억여 원)의 자산가로 만들었다."

Q 인플루언서의 역할은.

A "인플루언서는 전통적 마케팅 관점에서 보면 광고 기획부터 촬영, 출연, 편집 및 방송까지 모든 영역을 혼자 다 책임지는 사람이다. 물론 콘텐츠의 질은 기존 TV 광고에 비해 떨어질 수 있다. 하지만 제품과 인플루언서의 '케미'만 잘 맞는다면 제대로 한방 터지는 경우가 생긴다."

Q 이들이 주로 뭘 마케팅하나.

A "100만 명 이상의 구독자를 보유한 메가 인플루언서부터 1000명 정도를 보유한 시작 단계 인플루언서까지 다양하다. 분야도 뷰티, 패션, 육아, 맛집, 커피 · 음료, IT · 전자기기 등으로 세분화돼 있다."

Q **어떻게 해야 효과적으로 이용할 수 있나.**

A "자기 제품과 맞는 적절한 구독자를 보유한 인플루언서를 찾는 게 중요하다. 구독자 수가 많다고 좋은 게 아니다. 예컨대 여성 화장품 등 뷰티 관련 제품 마케팅을 레이싱모델 출신 인플루언서에게 맡기는 경우를 생각해 보자. 구독자가 아무리 많아도 이 경우 매출 증가 효과는 제한적일 수밖에 없다. 레이싱모델 출신 인플루언서의 구독자층 대부분은 남성이라서다. 애견 제품을 IT 분야 인플루언서에게 리뷰를 맡기는 경우도 마찬가지다. 애견인들은 애견인만의 언어가 있는데 이를 모르는 사람이 애견 관련 제품 글을 올리면 별 효과가 없다."

Q **'브릭씨'는 어떤 역할을 하나.**

A "우리는 인플루언서와 그가 올린 콘텐츠 데이터를 분석해 적절한 인플루언서와 기업을 연결해준다. 기존 인플루언서 마케팅은 업체 관계자가 검색을 통해 인플루언서를 찾고 그들에게 메신저로 직접 연락해서 '우리 제품 좀 써달라'는 식으로 일이 진행됐다. 관련 내용을 올린 뒤 반응도 해당 기업 담당자가 직접 댓글이나 '좋아요' 개수를 집계해 보고하는 등 주먹구구식이었다. 우리는 SNS 업체로부터 도달과 반응 관련 원데이터를 직접 받아, 이를 분석해 적절한 인플루언서를 자동으로 추천해주

는 플랫폼을 만들었다. 예컨대 카페 주인이 홍보하고 싶으면 '브릭씨'에서 20대 여성 커피 · 음료 쪽 인플루언서를 추천받아 캠페인을 진행하면 된다. 이 과정에서 어느 정도 급의 인플루언서 몇 명에게 의뢰할지, 자유 방문 및 서비스 리뷰, 인증샷 등 어떤 방식을 사용할지 등을 광고주가 스스로 결정할 수 있다. 인플루언서를 선택하면 평균 예상 도달 수가 나온다. 해당 인플루언서의 구독자 수 등에 비춰 어느 정도 사람이 읽을지를 미리 알고 결정할 수 있다. 마케팅이 마무리되면 관련 콘텐츠를 얼마나 읽었는지 반응이 어땠는지를 정확히 측정해 보고서 형태로 제공한다."

Q 비용이 많이 들면 소상공인이 이용하기 어려울 거 같다.

A "인플루언서 마케팅은 중소기업, 소상공인에게 매우 유용하다. 적은 비용으로 기대 이상의 효과를 거둘 수 있어서다. 구독자 수가 적은 인플루언서는 따로 원고료가 책정되지 않는다. 즉 샘플을 제공하는 것만으로도 인스타그램과 유튜브에 관련 내용을 올리는 인플루언서 마케팅을 할 수 있단 뜻이다. 구독자가 1000명 안팎인 '친근형' 인플루언서에겐 최하 3만 원가량의 원고료를 내면 된다. 우리가 '크리에이터'라고 부르는 메가 인플루언서의 경우 건당 1000만 원 이상 내기도 한다. 각자 사정에 맞게 인플루언서와 수를 결정할 수 있다. 초창기 우리 플랫폼에서 카페를 홍보했던 인천의 한 자영업자는 30만 원을 집행했는데 그 달에만 매출이 2.5배가 뛰었다. 유명 인플루언서가 아니었지만 동네 마케팅에 최적화된 친근한 인플루언서 여러 명을 선택한 덕분이다. 초기에 인증샷이 올라오

팔로워 분석 크리에이터가 보유한 팔로워들이 궁금한가요?   액티브 팔로워비율 **83.5%**

인플루언서와 그가 올린 콘텐츠 데이터, 구독자를
분석해 적절한 인플루언서와 기업을 연결해주는 것이 '브릭씨'의 역할이다.

는 등 온라인상에서 화제가 되면 일반인들이 방문하는 선순환이 이뤄진다. 연예인급 인플루언서만 마케팅을 하는 게 아니다."

Q 최근 '임블리' 사태로 부작용을 우려하는 사람도 많다.

A "그래서 인플루언서의 전문 분야가 중요하다. 그분이 원래 잘하던 패션, 뷰티 쪽만 했으면 큰 문제가 없었을 것이다. 그런데 본인이 잘 모르는 호박즙을 팔았고 거기에 곰팡이가 나오면서 문제가 터졌다. 인플루언서 스스로도 사람들이 날 좋아하니 뭘 해도 잘될 거라 생각하는 경우가 있다. 그래선 안 된다. 잘 아는 것에 집중해야 한다. 우리는 인플루언서에게 구독자 성향과 콘텐츠 반응을 분석해 적절한 전문 분야를 추천해 준다."

Q 돈 받고 콘텐츠를 올리는 것에 대한 거부감도 있다.

A "초창기라 어쩔 수 없는 부분이 있다. 사용 후기는 소비자나 업체 모두 필요하지 않나. 소비자는 나와 비슷한 취향을 가진 사람의 솔직한 사용 후기가 궁금하고 업체는 홍보 효과를 얻고 싶어 한다. 하지만 점점 시장이 성숙해지면 상황이 달라질 것이라 본다. 초기 인플루언서는 단순히 광고판 역할을 했지만, 지금은 콘텐츠를 만드는 사람으로 진화했다. 앞으로는 인플루언서가 '매우 까다로운 소비자'로 역할을 확대할 것이라 생각한다. 돈 받고 호평만 하는 게 아니라 먼저 써보고 검증하는 역할을 하게 될 것이다. 우리는 이 과정에서 인플루언서 역할을 데이터에 기반해 제대로 평가하고 관리하는 시스템을 구축해 보다 안정적인 시장을 형성하는 데 기여하고 싶다."

유니콘기업이 되려면
필요한 것들

김기사컴퍼니 창업자 박종환

창업이 직업인 사람들이 있다. 미국 실리콘밸리식 표현을 빌리자면 '연쇄 창업자'다. 이들은 스타트업을 키우고 판 뒤, 번 돈으로 재창업에 나선다. 박종환 김기사컴퍼니 공동대표는 이른바 잭팟을 경험한 연쇄 창업자다. 그는 2010년 자본금 1억 5000만 원으로 공동 창업한 록앤올을 2015년 카카오에 626억 원에 팔았다. 이후 다음 스타트업으로 김기사컴퍼니를 창업했다. 지금은 공유 오피스인 워크앤올을 운영하면서 스타트업의 육성과 성장을 돕는 액셀러레이터 일을 하고 있다. 경기 성남시 판교역 앞 워크앤올 사무실에서 만난 박 대표는 판교 스타트업계에 대해 "헝그리 정신이 사라지고 있다"라고 비판했다.

Q 뭐가 문제인가.

A "요즘 스타트업 대표들을 보면 자기 돈 쓰려는 사람이 별로 없다. 투자금이나 정부지원금이 떨어지면 엄청 당황해한다. 물어보면 자본금 1000만원 중 자기 돈은 500만 원이라고 한다. 더 없냐고 하면 나도 먹고살아야하니 더 쓸 수가 없다고 답한다."

Q 남의 돈만으로 스타트업 운영이 가능한가.

A "확실히 예전보다 돈이 많이 돌고 있다. 정부지원금도 많고 민간투자도몰리고 있다. 그건 긍정적인 일이다. 하지만 사업은 내 돈이 들어가야 절실해진다. 물러날 데가 없어야 '존버(끝까지 버틴다는 뜻의 은어)'할 수 있다. 난 '김기사 내비게이션'을 만들면서 20억 원가량 빚을 졌었다. 벼랑 끝에선 기분으로 버텼다. 조심스러운 이야기지만 독기를 가지고 해도 될까말까 하는 일을 요즘엔 너무 편하게 하려 한다."

위치기반서비스 개발회사 포인트아이의 창업 멤버였던 박 대표는 회사가 2010년 우회상장을 하면서 나오게 됐다. 함께 나온 김원태, 신명진 대표와 함께 록앤올을 창업했다. 그리고 이듬해 국민 내비로 불렸던 '김기사 내비게이션'을 출시했다.

Q 어디서 시작했나.

A "당시 IT 기업의 성지로 불렸던 강남 테헤란로에서 시작했다. 방 구하기

박종환 김기사컴퍼니 공동대표는
'김기사 내비게이션'을 통해 잭팟을 경험한,
국내의 대표적인 '연쇄 창업자'다.

부터 어려웠다. 임대료가 너무 비쌌고 건물주들이 방세 떼먹을까 봐 우리 같은 신생 벤처를 잘 받지 않으려 했다. 간신히 20평짜리 오피스텔을 구해 들어갔더니 이전에 다단계회사가 쓰던 곳이었다. 대박 낸다는 플래카드 같은 게 붙어있어 기분이 묘하더라. 우리 건물 옆에 네이버, 엔씨소프트, 넥슨, 티몬, 카카오 그런 회사들이 즐비했다. 테헤란로는 지금의 판교 같은 곳이었다."

Q 어려움이 많았을 것 같다.

A "자금이 부족해 힘들었다. 대표들이야 월급을 못 받아도 어쩔 수 없지만, 우릴 믿고 따라온 엔지니어들의 월급은 어떻게든 줘야 할 거 아닌가. 사무실 임대료가 싼 편이라 해도 관리비를 포함해 매달 300만 원이 나갔다. 마이너스통장까지 만들어 버텼지만 6개월 만에 돈이 다 떨어졌다. 기술보증기금 등에서 대출받고 그래도 부족한 건 다른 IT 회사의 용역 알바를 뛰면서 메웠다."

2011년 3월 록앤올은 '김기사 내비게이션'을 출시했다. 공교롭게도 출시 당일 동일본 대지진이 발생했다. 앱스토어에 올라간 '김기사 내비게이션'의 첫날 다운로드 건수는 가족과 지인을 포함해 수십 명 수준에 그쳤다.

Q 걱정이 많았겠다.

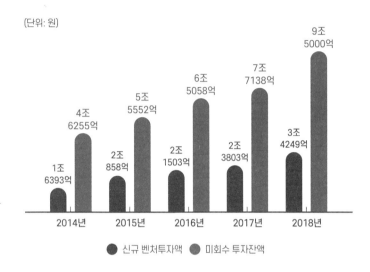

(단위: 원)

- ● 신규 벤처투자액　● 미회수 투자잔액

2014년: 1조 6393억 / 4조 6255억
2015년: 2조 858억 / 5조 5552억
2016년: 2조 1503억 / 6조 5058억
2017년: 2조 3803억 / 7조 7138억
2018년: 3조 4249억 / 9조 5000억

A　"소주 많이 마셨다. 한 달이 지나도 다운로드가 700여 명밖에 되지 않았다. '내가 잘한다고 성공하는 건 아니구나, 환경도 중요하구나' 하는 생각을 많이 했다. 한두 달 버티다 보니 점점 입소문이 났다. 피처폰 내비게이션을 스마트폰에 이식했던 다른 회사와는 달리 스마트폰에 최적화돼 있어 반응이 좋았다. 가볍고 빨랐다. 소셜기능까지 덧붙이자 점점 이용자가 늘었다."

Q　**매출은 어땠나.**

A "계속 어려웠다. 한 달 무료 사용 후 유료 전환율이 5퍼센트가 안 됐다. 결국 무료로 풀었다. 먹고살 길이 막막했다. 그러던 중 구글이 2013년 웨이즈라는 이스라엘 내비게이션 스타트업을 13억 달러에 인수했다. 모빌리티 빅데이터에 대한 재평가가 이뤄지면서 우리도 투자를 받을 수 있었다. 데이터가 돈이 되는 시대가 온 덕분이다."

2015년 카카오는 626억 원에 록앤올을 인수했다. 당시 가입자는 1000만 명이 넘었고 월평균 이용자는 200만 명에 달했다. M&A 후속 작업을 위해 2년간 카카오에 몸담았던 박 대표는 2018년 다시 회사를 차렸다.

Q **돈 많이 벌었을 거 같다.**

A "고향 내려가면 친구들은 내가 그 돈을 다 받은 줄 안다. 아니다. 절반은 투자자들에게 돌아갔고, 공동 창업자와 직원들까지 다 쪼개서 나누니 생각보단 많진 않다. 그래도 샐러리맨 월급으론 평생 벌어도 불가능한 돈이긴 하다. 그런 맛에 벤처를 운영하는 거 아닌가."

Q **안정을 찾을 시기에 다시 창업한 이유는.**

A "처음엔 꼬박꼬박 월급 나오는 게 너무 좋았지만 시간이 지나면서 좀 갑갑했다. 20년간 하고 싶은 일만 하다 남이 시키는 일만 하려니 어려웠다. 대초원을 마음껏 뛰어놀던 얼룩말이 동물원에 들어간 느낌이랄까. 그래

	(단위: 원)	(비중: 퍼센트)
ICT 제조	1489억	4.3
ICT 서비스	7468억	21.8
전기·기계·장비	2990억	8.7
화학·소재	1351억	3.9
바이오·의료	8417억	24.6
영상·공연·음반	3321억	9.7
게임	1411억	4.1
유통·서비스	5726억	16.7
기타	2077억	6.2

서 창업했다."

Q　**한국엔 연쇄 창업자가 많지 않다.**

A　"한 번 망하면 재기하기가 어려워서다. 신용불량자가 되면 재기를 하려
도 할 수가 없다. 요즘엔 실패를 딛고 일어서려는 이들을 위한 재기 펀드
도 많이 생겼지만 다른 나라에 비해 여전히 어렵다."

Q **요즘엔 대학생 창업자도 많다.**

A "20살에 결혼하는 게 좋냐, 30살에 하는 게 좋냐의 문제다. 하지만 개인적으로 대학 졸업 후 이내 창업하는 것은 위험이 크다고 본다. CEO로서의 역량은 학교에서 가르쳐주지 않는다. 단 4~5년이라도 누군가의 밑에서 경험해보고 창업해도 늦지 않다. 한 번 실패하면 다시 돌아오기 힘들어서다."

Q **판교의 창업환경은 어떤가.**

A "사무실 임대료가 너무 비싸다. 스타트업을 운영할 때 임대료가 가장 큰 부담인데 판교는 스타트업이 들어오기엔 너무 비싸다. 스타트업 천국이라기보단 대기업 중심 도시. 역삼각형 생태계라 할까. 내가 공유 오피스를 시작한 것도 그래서다."

Q **한국의 유니콘기업(기업가치 10억 달러 이상의 신생 기업)을 꿈꾸는 창업자에게 조언해달라.**

A "기본적으로 좋은 기술을 가지고 있는 것도 중요하지만, 대기업과 경쟁하기를 주저하지 않고 적극적으로 경쟁하며 성장할 때, 제2의 유니콘기업이 나올 수 있을 것이다. 현재는 5개지만 앞으로 10년 뒤에는 10개, 20개 이상의 유니콘기업이 대한민국에서 나올 거라고 확신한다."

창업 생태계에도
여성 차별이 존재할까?

제현주, 연현주 대표의 진단

여성의 지위 향상을 일컫는 '여풍'이란 단어가 진부하다 싶을 정도로 사회 전반에서 여성들의 활약이 두드러진다. 2018년 변호사시험 합격자 중 여성 비율은 43퍼센트였다. 5급 행정직 공채에선 40퍼센트, 외교관 후보자 중에선 60퍼센트가 여성 합격자였다. 하지만 벤처·스타트업계로 오면 상황이 조금 달라진다. 벤처기업 3만 6820개 중 여성이 대표로 있는 기업의 비율은 9.5퍼센트(2018년 말 기준)에 불과하다. 2016년(8.8퍼센트) 이후 조금씩 늘고 있다 해도 여전히 다른 분야에 비해 여성의 비율이 적다.

스타트업 창업 생태계의 어떤 점이 여성들의 고전을 면치 못하게 하는 걸까. 이 문제의 답을 얻기 위해 제현주 옐로우독 대표와 연현주 청소연구소 대표를 만나봤다. 제 대표는 사회문제를 해결하는 스타트업에 주로 투자해온 벤처캐피털리스트다. 연 대표는 제 대표의 옐로우독 등의 투자를 받아 가사 도우미를 연결해주는 모바일 플랫폼 스타트업인 청소연구소를 2017년 창업했다. 현재 매니저 수는 6000여 명이며 가입자 수는 15만 명에 이른다.

두 사람 모두 창업을 시도하는 여성 자체는 늘고 있다고 말했다. 하지만 창업 이후 투자를 지속해서 받으며 생존하는 데 있어서 '기울어진 운동장'이 존재한다고 강조했다. 제 대표의 설명이다.

"대기업 신입 사원, 외교관, 공무원, 법조계에 진입하는 신규 인력 중에는 확실히 여성이 많아졌다. 긍정적 해석도 있지만, 오히려 차별이 여전히 존재한다는 증거로 볼 수도 있다. 해당 분야들은 대체로 객관적 시험을 거쳐서 들어가는 분야다. 진입 시점에 공정한 프로세스가 존재하는 곳에선 확실히 여성 비율이 올라간다는 이야기다. 역으로 그렇지 않은 분야에는 여전히 여성이 적다. 창업 생태계도 마찬가지다. 창업을 시도하는 여성은 많이 늘고 있다. 하지만 그 다음 투자를 받는 단계에서는 아직 여성 비율이 많이 낮다."

그렇다면 왜 창업 이후 여성들은 투자를 받는 데 더 어려움을 겪을까. 제 대표는 벤처캐피털의 인적 구성이 다양하지 못한 점이 일차적 원인이라고 지적했다. 그는 "심사역 중 여성이 한 명도 없는 곳도 많다"라며 "의도하지는 않았더라도 너무 균질한 집단이 되면 편

제현주 옐로우독 대표(왼쪽)와 연현주 청소연구소 대표는
'기울어진 운동장'이 존재한다고 입을 모았다.

향된 결과가 생길 수 있다"라고 말했다.

창업 이후 여러 벤처캐피털로부터 투자를 받아온 연 대표도 여성을 상대로 한 서비스나 소비재를 공급하는 스타트업의 경우 남성 중심으로 구성된 투자자를 설득하기가 상대적으로 어려운 점이 있다고 말한다. 연 대표는 "심사역들도 자신의 경험을 바탕으로 심사할수밖에 없다. 내 아이템은 승객과 택시를 연결해주는 '카카오택시'처럼 가사 도우미와 청소가 필요한 집을 연결해주는 플랫폼인데 확실히 여성과 30대 기혼 남성 심사역은 관심을 크게 보였다. 반면 미혼 남성 또는 결혼은 했지만 집안일에 관여하지 않는 남성들은 설득하는 데 어려움을 겪었다"라고 덧붙인다.

한국IBM, 엔씨소프트, 카카오 등 굴지의 IT 기업을 거친 뒤 2017년 창업 전선에 나선 연 대표는 초등학생 아들 셋을 키우고 있는 '워킹맘'이다. 창업 이후 투자를 받는 과정에서 가장 많이 받은 질문 중하나는 "아이 셋 엄마가 창업하는 건 힘들지 않겠냐"였다. 연 대표는 정면 돌파를 택했다.

"투자자 입장에선 당연히 물어볼 수 있는 질문이다. 스타트업 대표는 절실한 마음을 갖고 지속해서 힘든 일을 이겨내야 하는데 아이키우기 힘들다고 그만두고 다른 데 취직해 버리지 않을까 하는 암묵적인 의문이 있을 수 있다. 그런 질문을 받을 때면 난 '아들 셋 둔 엄마가 도대체 얼마나 창업을 하고 싶기에 여기까지 왔겠냐'고 답했

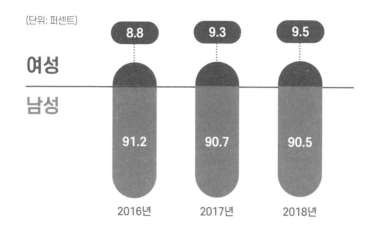

(단위: 퍼센트)

여성

8.8　　　9.3　　　9.5

남성

91.2　　90.7　　90.5

2016년　　2017년　　2018년

다. 사실 아이를 키우는 데는 창업과 직장 생활이 크게 다르지 않다. 오히려 오전 9시 출근, 오후 6시 퇴근하는 직장 생활이 유연성이 떨어져 아이 키우기가 더 어렵다. 또 창업하고 대표가 되면 근무 형태를 유연하게 유지하는 등 조직문화를 자기가 만들 수 있다는 장점도 있다. 다만 회사 미래에 대한 심리적 압박은 조금 더 크다."

"과거 다른 벤처캐피털 심사역들 중에는 젊은 여성창업자한테 대놓고 '임신이 가장 큰 CEO 리스크'라고 말하는 사람도 있었다. 그런 말을 들으면 나도 막막한데 무슨 대답을 할 수 있겠나. 투자를 받은 뒤 임신한 사실을 어떻게 알려야 할지 걱정하는 여성창업자도 봤다.

나쁜 의도는 아니었겠지만, 결과적으로 이런 환경적 요인들이 알게 모르게 여성들이 창업하는 데 허들을 높여왔다. 그래서 나는 반대로 생각했다. 애 셋 키우기도 벅찰 텐데, 그런 여성이 창업한다고 나섰다면 도대체 얼마나 의지가 강한 건가. 거기에 집중했다."

옐로우독이 최근 여성창업자와 기업에 투자하는 전용 펀드를 결성한 것도 같은 맥락의 일이다. 여성창업자에게 더 힘을 실어줘서라도 안타깝게 사라지는 스타트업을 없애자는 취지다. 제 대표의 말이다.

"우리 회사 메인 펀드는 성별에 대한 고려가 없다. 그래도 투자한 여성창업자 스타트업의 비율이 30퍼센트 정도다. 업계 평균인 8~9퍼센트보다 높다. 미국도 여성 파트너가 있는 벤처캐피털은 여성창업자에게 투자하는 비율이 평균 30퍼센트 정도로 다른 곳보다 3배가량 높다고 한다. 특별한 고려가 없어도 의사결정 그룹에 여성이 있다는 이유만으로 평균 그 정도가 늘어난 것이다. 거꾸로 보면 기존 벤처캐피털들이 놓치는 사각지대에 그 정도의 여성창업자들이 존재한다는 의미다. 우리는 전략적으로 그런 위치에 있는 초기 여성창업 기업들을 발굴하고 시장 전체에 메시지를 던지기 위해 펀드를 만들었다. 성별에 대한 편향을 인식하며 투자하는 것을 해외에선 '젠더 렌즈' 투자라 부르는데 새로운 투자전략의 일환으로 서서히 영향력을 넓혀가고 있다."

연 대표는 경력이 있는 여성창업을 지원해주는 방안이 필요하다고 강조했다. 경험이 없는 대학생 창업에 대한 지원은 많지만, 직장을 5년, 10년씩 다닌 뒤 쌓인 경험을 바탕으로 창업하려는 이들에 대한 지원은 부족하다는 이유에서다. 연 대표는 이렇게 강조했다.

"후배들 중에 창업 이야기에 꿈틀꿈틀하는 애들이 많다. 지금 직장에서 만족하면 모를까 유리천장과 같은 한계를 토로하면서도 창업을 망설인다. 복잡한 현실적 제약 때문이다. 사실 대기업에 다니는 후배들은 창업할 때 가장 두려워하는 부분이 아이를 직장 어린이집에 못 보내는 점이다. 안타깝지만 현실적으로 고민할 수밖에 없는 문제다. 이런 직장 생활 경험이 있는 여성창업자들을 위한 타깃형 지원제도가 더 잘 갖춰지면 좋을 거 같다."

마지막으로 창업을 꿈꾸는 여성들에게 한마디를 부탁했다. 제 대표는 "얼마나 부족한가보다 얼마나 하고 싶은가에 집중하라"라고 말한다.

"사업을 하는 과정에는 언제나 예상하지 못한 일과 계획 바깥의 변수들이 등장한다. 그때마다 창업자는 그것에 대처해나간다. 그래서 창업에 가장 필요한 준비는 '하고 싶은 마음이 얼마나 강한가'라는 마음의 준비라고 말씀드리곤 한다. 그래야 예기치 않은 어려움에 부딪혔을 때 그것을 뚫고 가는 동력이 마련되기 때문이다."

연 대표는 "열정과 문제의식이 있다면 누구나 창업할 수 있다"라

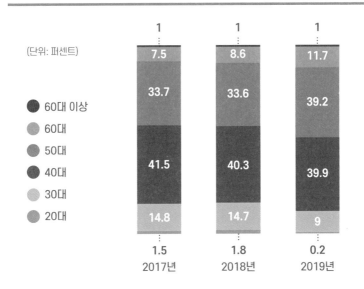

자료: 중소벤처기업부

(단위: 퍼센트)

● 60대 이상
● 60대
● 50대
● 40대
● 30대
● 20대

	2017년	2018년	2019년
	1	1	1
	7.5	8.6	11.7
	33.7	33.6	39.2
	41.5	40.3	39.9
	14.8	14.7	9
	1.5	1.8	0.2

고 조언한다.

"여성창업자가 많이 나왔으면 한다. 우리가 할 수 있다는 것을 더 많이 보여줬으면 좋겠다. 여성, 남성을 떠나 창업자들이 '내가 창업할 자격이 있는가' 하는 부분에서 근원적인 질문을 한다. 본인이 지금까지 가지고 있는 경험, 열정, 문제를 해결하고자 하는 문제의식이 있다면 누구나 다 할 수 있다고 생각한다. 여러분이 할 수 있을 거라 믿는다. 많은 분들이 도전했으면 한다."

국민 게임 '애니팡' 창업자의 엑시트 그 후

선데이토즈 창업자 이정웅

2012년 대한민국에서 스마트폰을 가진 사람들이 이 게임을 하는 풍경은 심심찮게 발견할 수 있었다. 게임에서 팡팡 터지는 소리가 날 때마다 즐거워하는 모습에는 남녀노소가 따로 없었다. 전무후무한 국민 게임이었다. 제한시간 1분 동안 가로·세로 똑같은 동물 모양 3개를 많이 맞추면 이기는 간단한 방식의 게임 '애니팡'의 이야기다. 게임 횟수를 추가로 얻기 위해서 게임에 친구를 초대하거나 친구끼리 순위를 경쟁하는 방식은 당시 '카카오톡' 플랫폼을 타고 소셜게임(SNS를 기반으로 하여 사용자가 온라인상의 인맥으로 친목을 도모하며 하는 게임) 붐을 일으켰다. 한국 사회의 모바일게임 지형도를 송두리째 바꾼 게임으로 평가받고 있다. 출시 74일 만에 다운로드 2000만 건,

하루 평균 이용자 1000만 명을 기록했다. 당시 스마트폰 가입자 수가 약 3000만 명임을 감안하면, 대한민국에서 이 게임을 안 해봤다고 하는 사람을 일부러 찾아야 할 정도였다. 후속작까지 합치면 '애니팡' 시리즈의 누적 다운로드 건수는 5900만 건에 달했다.

이 게임을 개발한 회사 선데이토즈는 이정웅 창업자가 명지대학교 컴퓨터공학과 00학번 동기인 임현수, 박찬석과 함께 2009년 공동으로 세운 회사다. 20대에 창업한 이들은 '애니팡'을 히트시킨 이후 2013년 회사를 코스닥에 상장시켰고 2018년 1월 스마일게이트홀딩스에 지분을 모두 넘겼다. 두 차례(2014·2018년) 지분매각으로 3명의 공동 창업자가 거둔 수익은 총 1565억 원. 그야말로 판교 밸리에 밀집한 수많은 스타트업 창업자들이 꿈꾸는 성공적인 엑시트였다.

그 후 1년 반이 흐른 지금, 20대 창업과 30대 엑시트라는 실리콘밸리식 성공모델을 한국에서 구현한 이들은 어떻게 지내고 있을까. 〈중앙일보〉는 2019년 6월 이정웅 창업자를 만났다. 선데이토즈 매각 후 이 창업자가 언론과 공식 인터뷰를 가진 건 이번이 처음이다. 그는 "친하게 지내던 IT 업계 지인들과 'E레이싱'이라는 카레이싱 팀을 창단해 현재 프로선수로 활동 중"이라며 "하위권을 맴돌긴 하지만 사업하면서 느끼지 못했던 다른 성취감과 재미를 느끼고 있다"라고 말했다.

이정웅 선데이토즈 창업자는
수많은 스타트업 창업자들이 꿈꾸는
성공적인 '엑시트'를 이루고,
현재 다음을 준비 중이다.

Q 카레이서로 변신했다.

A "원래 운전이 취미였다. 선데이토즈에 있을 때도 틈틈이 레이싱을 즐겼는데 퇴사 후 본격적으로 해보고 싶어서 팀도 만들고 프로선수로 데뷔도 했다. 프로그래밍 교육 단체인 멋쟁이사자처럼의 대표 이두희 등이 같은 팀 멤버다. 우리는 동일 차량으로 서로 경주하는 원메이크 경기에 나간다. 순수하게 드라이버의 실력만으로 판가름 나는 경기다. 2018년 4월 슈퍼레이스 BMW M클래스가 데뷔전이었다. 원래 빨간 불 5개가 차례로 켜진 다음 마지막 불이 꺼지면 출발하는 건데 너무 긴장해서 먼저 출발해 벌점을 받기도 했다. 끝나고 보니 꼴찌에서 두 번째였다. 2018년 다섯 차례 나가고 2019년에는 차종을 바꿔 현대 N 페스티벌에 벨로스터로 두 차례 경기에 나갔다. 최근 경기에선 6위를 했다."

Q '국민 게임' 개발자가 카레이서가 된 건 의외다.

A "지금은 인생의 한 국면을 매듭짓고 리셋하는 과정이라 생각한다. '애니팡'의 인기 요인 중 하나는 '카카오톡' 친구끼리 순위 경쟁하는 재미였는데 요즘엔 레이싱하면서 왜 사람들이 '애니팡'에 열광했는지 거꾸로 알게 됐다. 스타트업을 창업해 경영하면서 여러 가지를 배우고 이랬지만 다시 시작하는 마음으로 새로운 일에 도전했다. 사실 카레이싱엔 첨단 IT 기술이 모두 접목돼 있다. 시뮬레이터로 연습한 다음 데이터를 분석해 나쁜 버릇을 고치고 실력을 키우는 방식이라서다. 시뮬레이터만 놓고 보면 게임과 다를 바 없다. 여기서 새로운 사업 기회를 찾을 가능성도 있다."

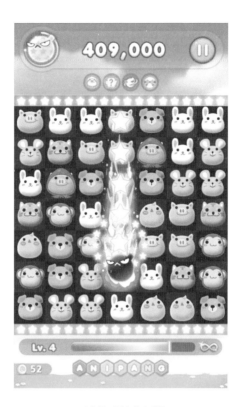

2012년 출시된 '애니팡'은
한국 사회의 모바일게임 지형도를 송두리째 바꾼,
전무후무한 국민 게임으로 평가받고 있다.

Q 게임 개발을 그만둔 거 아니었나.

A "전혀 아니다. 지난 10여 년간 내가 가장 재밌었고 많은 성취감을 느꼈던 시기는 게임을 개발하던 창작 시기였다. 그리고 제일 어렵고 힘들었던 때는 경영할 때였다. 창작과 경영의 균형을 맞추는 게 어려웠다고나 할까. 직원 수가 250명 정도였는데 마지막엔 정말 많이 지쳤었다. 그래서 이 시기를 매듭짓고 다시 새로운 게임을 개발하기 위해 회사를 넘겼다."

이 전 대표는 전형적인 게임 키드다. 어렸을 때부터 게임을 즐겼고 부모님께 혼도 많이 났다고 한다. 그런 이유에서 부모님이 함께 즐기는 게임을 만드는 게 평생의 꿈이었고, 그 꿈이 '애니팡' 개발로 이어졌다. '애니팡'이 남녀노소 누구나 함께 즐기도록 만들어진 것은 그런 이유에서였다.

Q NHN에서 게임 개발을 시작했다.

A "2004년 병역특례로 NHN에 입사했다. 당시 내가 있던 팀은 한게임 사이트에서 모객 역할을 하는 가벼운 플래시게임을 만들었다. 그때 배운 게 내가 좋아하는 게임과 시장이 좋아하는 게임이 다르다는 점이다. 4년간 플래시게임을 100개 넘게 만들었는데 회사를 나올 때는 5개만 남아있었다. 선데이토즈 창업 후 그때 경험을 토대로 '애니팡' 등의 게임들을 만들었다."

Q '애니팡'은 어떻게 개발했나.

A "영화 〈신과 함께〉를 1000만 명 이상이 봤다. 인구 5000만 명의 나라에서 어떻게 그게 가능했냐면 평소 영화를 자주 보는 청년층뿐만 아니라 부모님, 할아버지, 할머니까지 전부 다 나와서 봤기 때문이다. '애니팡'도 마찬가지였다. 나는 처음부터 우리 엄마, 아빠도 즐길 수 있는 게임을 구상했다. 게임을 배급한 '카카오톡'의 사용자도 대부분 가볍게 게임을 즐기는 이들이었다. 그래서 MMORPG처럼 사용법이 복잡한 게임이 아닌 누구나 1분 만에 할 수 있는 게임을 만들었다."

Q 국민 게임 반열에 올랐다.

A "개발 막바지 집에 두세 달가량 못 갔는데, 출시 후 집에 가려고 나왔더니 버스 정류장에 있는 사람들이 모두 '애니팡'을 하고 있었다. 지하철을 탔는데 거기서도 하고 있었다. 집에 갔더니 엄마도 하고 있더라. 눈물 날 정도로 기뻤다. 100만을 찍던 하루 이용자가 어느새 400만, 800만으로 급커브를 그렸다. 하루 1300만 이용자를 찍었던 날이 아직도 기억난다."

Q 성공 원인은 뭐라 생각하나.

A "우리 강점은 친구 관계를 게임에 녹인 것이었다. 퍼즐 3개를 맞춰서 없애는 장르 게임은 옛날부터 있었지만, 거기에 '카카오톡' 친구 관계를 이용해 서로 경쟁하는 재미를 준 게 핵심이었다. 물론 운이 좋았던 것도 부정할 수 없다. 그런데 내가 왜 운이 좋았을까 생각해 보면 주변 환경에 흔들리지 않고 우직하게 소셜게임 장르를 밀고 나갔기 때문이라 생각한

다. 이거 하다 저거 하다 했으면 기회가 왔을 때 잡지 못했을 것 같다."

Q 앞으로의 계획은.

A "카레이싱에선 소위 말하는 포디움(1.2.3위가 올라가는 단상)에 서는 게 꿈
이다. 그리고 게임 개발자로선 국민 게임을 만들었으니 해외에서 통할 '갓
게임'을 만들고 싶다. 공동 창업했던 친구들과 요즘도 자주 만난다. 옛날
엔 일 이야기만 했는데 요즘엔 인생 이야기를 주로 한다. 다시 창업해도
그 친구들과 일하고 싶다. 하다 보면 '갓 게임'도 만들 수 있지 않을까."

벤처캐피털이 투자하는
기업의 조건

스타트업이 투자받는 비결

창업의 원대한 꿈과 아이디어, 기술은 있지만 사업을 꾸려갈 자금이 없다면? 이 책을 읽고 있는 당신의 이야기일 수도 있겠다. 당신이 가진 아이디어가 현실이 될 수 있도록 하는 이들이 있다. 창업자의 가능성과 아이디어에 투자하는 벤처캐피털이 그들이다.

벤처캐피털은 어떤 스타트업에 투자할까. 창업자라면 누구나 만나고 싶어할 초기 투자 벤처캐피털 3사의 전문 심사역을 만나 이야기를 들어보았다. 장동욱 카카오벤처스 수석 팀장, 김승현 베이스인베스트먼트 이사, 최윤경 매쉬업엔젤스 투자 팀장이 말하는 '스타트업이 투자받는 비결'이다.

Q 투자 기준이 궁금하다.

A 장동욱 카카오벤처스 수석 팀장(이하 카카오): "초기 스타트업엔 구체적인 성과지표가 없기 때문에 창업 팀의 솔직함과 실행력을 본다. 솔직해야 문제를 빨리 인정하고 이를 해결한다. 또 실행력은 스타트업의 기본이다."

A 김승현 베이스인베스트먼트 이사(이하 베이스): "전적으로 팀을 본다. 인생을 건 게 느껴질 정도의 절실함과 시장에 대한 통찰력도 보여줘야 한다. 초기 투자인 시드 라운드 다음 단계인 프리 시리즈 A 투자부터는 성과지표도 중요하다. 매출보다는 활성 사용자 수, 재방문율, 구매전환율 등의 서비스 지표를 본다."

A 최윤경 매쉬업엔젤스 투자 팀장(이하 매쉬업): "팀과 관련 시장의 크기다. 특히 데이터 관리를 잘하는 팀. 그런 팀이 장기적으로 우수한 성과를 낸다."

Q 어떤 스타트업을 선호하나.

A 카카오: "IT 기반의 선행기술·서비스·게임 분야 초기 회사가 유리하다. 개인적으로는 '당근마켓(동네 중고 거래)', '테이블매니저(식당 예약 관리)', '청소연구소(가사 도우미)'처럼 일상 속 불편함을 해결해주는 곳이 좋다."

A 매쉬업: "가장 잘 도울 수 있는 분야는 IT 기반 스타트업이다. 최근엔 솜씨당(지갑, 마카롱 등을 만드는 오프라인 공방) 같은 소셜 커뮤니티에 관심이

많다. '주 52시간제'로 취미 생활에 관심이 커졌고, 요즘 세대가 추구하는 '온디맨드 네트워킹(On-Demand Networking: IT 인프라를 통해 수요자가 원할 때 다른 이와 선택적 교류로 맞춤형 제품과 서비스를 주고받는 것)'과 흐름이 맞아서다."

A   베이스: "판단 가능한 사업 분야면 모두 환영한다. 벤처캐피털이 투자한 스타트업 포트폴리오사 중엔 상거래와 모바일플랫폼이 많다."

Q   심사 때 '이런 팀은 정말 좋았다' 싶은 곳이 있었나.

A   매쉬업: "창업 스토리를 많이 물어본다. 촬영지 공유 플랫폼 '아워플레이스'의 서영석·노한준 공동대표는 광고 회사 퇴사 후에 지인에게서 촬영지는 늘 공급부족이라는 말을 듣고, 인터넷카페에 '우리 집에서 촬영하세요'라고 올렸다가 월급만큼 돈이 모이는 걸 보고 창업했다. 영상 수요가 늘면서 가정집이나 평범한 사무실 배경이 필요한 제작자들을 잘 포착했다."

A   베이스: "뻔한 패키지여행과는 다른 '크리에이트립'은 한국 젊은이들 사이에서 힙한 곳을 소개하는 여행 플랫폼으로 외국인 관광객 사이에서 인기다. 한강 치맥, '프로듀스 101' 교복 대여, 반영구 눈썹 문신, 증명사진 찍기 등이 대표 상품이다. 임혜민 대표는 무서울 정도로 빠른 실행력이 무기다. 20대에 창업해 거의 모든 제휴를 발로 뛰어 뚫었다. 그 힘으로 월 이용자수 150만 명까지 왔다."

A 카카오: "2017년에 투자했던 '테이블매니저'의 최훈민 대표가 기억에 남는다. '잘못된 걸 보면 행동해야 직성이 풀린다'고 자신을 소개하더니 진짜 그랬다. 학교교육이 잘못됐다며 고교를 자퇴하고, 1인 시위를 해 대안학교까지 세웠다고 하더라. 창업 후 앱 테스트 기간에도 온종일 식당에 앉아 손님들을 관찰하며 앱을 개선했다."

Q 요즘 주목하는 스타트업은.

A 매쉬업: "초유 전문 화장품 기업인 팜스킨은 잘됐으면 하는 스타트업이다. 사회 환원에 관심이 많고, 화장품도 농가에서 매년 버려지는 초유 4만 톤을 활용해 만든다. 창업 당시 학생 팀이라 코치를 많이 해줬는데 어느새 쑥 자랐다. 세계 3대 미용 박람회 중 하나인 코스모프로프에 나가서 마스크팩 7억 원어치 계약을 따왔다."

A 카카오: "2019년 10억 원을 투자한 마카롱팩토리는 국내 1위 종합 차량 관리 앱이다. 타이어나 오일 교체 시기가 되면 알람을 보내준다. 또 근처 정비소 평점 확인부터 예약까지 가능하다. 현재 4000만 건 이상의 데이터가 쌓였다."

A 베이스: "첫 투자사인 네일아트 플랫폼 스타트업 젤라또랩은 제품 판매 첫 달부터 매출이 1억 원 나오더니 2018년엔 130억 원 매출을 거뒀다. 앱에 사용자들이 공유하는 네일 사진이 하루 2000장씩 올라오는데, 그중 인기 있는 디자인을 빠르게 제품화한 결과다. 기업간거래(B2B) 식자재 유

젤젤젤 트렌디 하니깐

인기 있는 네일아트 디자인을 빠르게 제품화해 성공을 거둔
젤라또랩 TV 광고의 한 장면.

통 플랫폼인 '마켓보로(마켓봄·그레드)'는 대표의 고집과 사명감이 기억에 남는다. 식자재 수주·발주 시장을 플랫폼화하겠다는 목표 아래 인원 감축과 재정 불안을 견디면서 3년 넘게 무료 서비스를 고수하더라. 어려운 시기를 거쳤지만, 마켓봄의 누적 취급고는 현재 2300억 원에 이른다."

Q 투자 요청이 몰리는 대세 아이템이 있나.

A 베이스: "한때 여행 관련 아이템이 우르르 쏟아졌다. 2017~2018년엔 블록체인(가상화폐로 거래 시 해킹을 막는 기술) 아이템이 미친 듯이 들어왔다. '대세'로 칭하려면 후속 투자인 시리즈 B 이상의 투자를 받아야만 가능한데, 우리는 초기 투자자라 이미 대세가 된 건 안 본다. 국내 트렌드보다 해외 사례를 많이 참고한다."

A 매쉬업: "그렇다. 잘됐다는 기사가 나면 유사한 사업 기획서가 많이 들어온다. 2015~2016년엔 가상현실(VR)이 한창이었다. 최근엔 건강기능식품이나 전동 킥보드가 많다. 이미 잘하는 곳들이 있기에 딱히 투자는 안 한다."

A 카카오: "젊은 직장인들의 퇴근 후를 점유하는 서비스가 아닐까. 주 52시간제로 쉬는 시간이 늘었고, 미혼율이 높아지면서 독서 모임 플랫폼 '트레바리'나 온·오프라인 그룹 운동 플랫폼 '버핏서울'처럼 공부, 운동, 독서 등을 내세운 커뮤니티서비스가 인기다. 잘될지는 더 두고 봐야 한다."

Q 벤처캐피털 대표의 성향이나 관심 분야가 투자 결정에 반영되나.

A 카카오: "정신아 대표는 '일단 해보자!'라고 하는 타입이다. 새로운 아이디어에 열려있고 관심사가 다양하다. 투자 결정 회의 때 심사역의 의견이 잘 반영된다."

A 매쉬업: "이택경 대표는 온화하면서 호기심이 많다. 본인이 개발자 출신이라 개발 팀, 기술 팀이 탄탄한 곳을 좋아하고 최근엔 유아교육에 관심이 많다. 하지만 이런 성향이 투자 결정에 반영되진 않는다. 대표의 의견이라도 다른 심사자들과 같이 N분의 1만 반영된다. 투자 결정은 반대가 1표라도 있으면 떨어지는 만장일치제로 한다."

A 베이스: "투자와 관련해 대표의 성향을 고려해 본 적이 없다. 공동 설립자 6명이 전부 평등한 결정권을 가진 주주일 뿐이다."

Q 투자 유치를 원하는 스타트업에 조언해준다면.

A 카카오: "벤처캐피털과 만나고 싶다면 해당 벤처캐피털이 투자한 다른 스타트업 대표에게 소개를 부탁하라. 우리가 투자한 곳이 추천하면 만나보고 싶지 않겠나. 또 투자가 거절됐더라도 너무 좌절할 필요는 없다. 당장 투자받지 못했어도 부담스럽지 않은 선에서 벤처캐피털에 성과나 소식을 꾸준히 알리는 것도 방법이다."

A 베이스: "투자 유치에 앞서 '창업'이 본인한테 맞는지부터 고민하라. 내 꿈의 크기는 얼마인지, 시장에서 꼭 하고 싶은 일이 뭔지가 명확해야 한

다. '투자자가 사업성이 있다고 하면 하고, 아니면 말고'라는 정신이면 다시 생각해야 한다. 또 미팅 전 자료는 간소해도 된다. 벤처캐피털이 '한번 만나보고 싶다'는 생각만 들게 하면 된다. 어차피 투자 디테일은 만나서 결정된다."

A 매쉬업: "나쁜 투자자를 피해라. 당장 기업가치를 높게 쳐준다고 덥석 투자받아선 안 된다. 후속 투자를 저지하는 계약조항은 없는지, 사업 아이템에 이리저리 관여하진 않는지 등을 잘 따져야 한다."

2시간 남짓 동안 이들은 입을 모아 '시장 통찰력'과 '1~2위 사업자의 꿈'을 주문했다. 그러면서도 "'안 되면 접자'는 안일한 생각이어선 안 된다"라고 경고했다. 빛나는 성공도 있지만 쓰디쓴 실패도 있는, 치열하고 냉정한 세계에 첫걸음을 뗀 스타트업들이 새겨둬야 할 부분이다.

전 세계가 주목하는 바이오, AI에 답이 있다

셀트리온 회장 서정진

한국 바이오산업(K-바이오)의 선두 주자인 서정진 셀트리온 회장이 최근 잇따라 임상 3상의 문턱 앞에서 좌절하는 K-바이오의 현실에 관해 쓴소리를 내놓았다.

맨손으로 글로벌 바이오 업체들과 어깨를 나란히 하는 셀트리온을 일군 그는 "바이오는 명확한 확률을 근거로 성공 가능성을 논하는 산업"이라며 "(임상 성공 가능성이) 해당 분야 평균 성공률보다 5~10퍼센트 높다고 말할 순 있어도, 이런 통계를 무시한 채 100퍼센트 성공 운운하는 건 100퍼센트 거짓말"이라고 강조했다. 서 회장의 셀트리온은 사람의 항체에 기반한 '바이오시밀러(바이오의약품 분야의 복제약)'를 세계 최초로 개발했고, 2018년 매출은 1조 원에 육박한다.

그는 이어 "진정한 과학자고, 진짜 바이오산업 종사자라면, '임상 3상에서 성공한다'고 말하기보단 '임상 결과가 나와봐야 한다'고 말하는 게 맞다"라고 덧붙였다. 그는 또한 "투자자와 말할 때도 '업계 평균 성공률은 어느 정도고 우리가 가진 신약후보 물질(신약으로 개발하기 위해 연구되고 있는 후보 물질)은 이보다 얼마나 높다'고 말해야 한다"라고 강조했다. 그러면서 "지금처럼 투자자에게 무조건 된다는 식으로 말하고 연구비를 조달하다 보면 투자자의 불신은 깊어지고, 이제 태동 중인 국내 바이오산업은 결국 무너지게 될 것"이라는 우려를 나타냈다.

실제 조금씩 K-바이오에 투자를 꺼리는 움직임도 읽힌다. 2019년 한국벤처캐피탈협회에 따르면 2019년 9월까지 바이오·의료 분야 투자액은 8929억 원에 달한다. 이미 2018년 투자액(8417억 원)을 뛰어넘었다. 하지만 월별 투자 추이를 살펴보면 조금 다르다. 같은해 5월부터 8월까진 매달 1000억 원 이상의 신규 투자가 이뤄지다가 9월 들어서는 487억 원으로 급감했다.

서 회장은 이와 관련해 "임상이란 결국 많은 노하우와 경험이 필수"라면서 "한 예로 임상 디자인 역시 미국 식품의약처(FDA) 같은 허가 기관과의 충분한 사전 교감을 통해 전략적으로 접근해야 하는 만큼 비용이 들더라도 관련 경험이 많은 해외 전문가 집단을 더 적극적으로 활용해야 할 것"이라고 조언했다.

서 회장은 현재를 "경험치를 더 많이 쌓아야 하는 일종의 '축적의 기간'"으로 평가했다. 같은 맥락에서 임상 1·2상 단계에서 후보 물질을 외부에 파는 라이선스 아웃(License out)에 대해서도 긍정적 평가했다.

"자금이 많이 드는 임상 3상 등은 거대 기업의 투자를 통해 진행하는 식으로, 위험 분산(Risk Sharing)이 이뤄지는 산업구조가 필요하다"는 의미에서다. 또 서 회장은 "신약후보 물질들이 적정한 값에 가치 평가를 제대로 받아야 기술거래가 더 활성화되는데, 지금 일부 K-바이오 업체의 몸값은 너무 비싸다"라고 지적했다. 과도한 기업가치 부풀리기에 대한 우려다.

그는 바이오 부문에서 성공한 국내의 대표적 창업자다. 서 회장에게 '창업의 성공 비결'을 묻자, 그는 세 가지를 꼽았다. 우선 "창업을 위해선 목숨을 걸 각오가 있어야 한다"라고 했다. 여기에 "시대의 변화 흐름을 읽는 안목이 필요하다"라고 덧붙였다.

실제 그의 삶이 그랬다. 충북 청주의 연탄가게 집 아들로 태어난 그는 삼성전기와 한국생산성본부, 대우자동차 등에서 직장 생활을 했다. 1990년대 후반 외환위기 당시 직장을 잃었다. 재취업이 안 돼 술독에 빠져 살던 때도 있었다. 하지만 '뭐라도 해보겠다'는 생각에 벤처기업을 차렸다. 후에 셀트리온이 된 넥솔이다. 이후 바이오시밀

한국 바이오산업의 선두 주자인
서정진 셀트리온 회장은 "창업을 위해선
목숨을 걸 각오가 돼 있어야 한다"라고 말했다.

러의 가능성에 주목했다. '고령화사회가 되면 비싼 오리지널약을 계속 쓸 수는 없을 것'이라는 생각이 그를 움직였다. 이후 그는 무작정 바이오산업의 본산인 미국 샌프란시스코로 날아갔다.

그곳에서 싸구려 모텔을 전전하면서도 매일 스탠퍼드대학교의 토머스 메리건 에이즈 연구소장을 찾아갔다. 만남을 거절당하는 건 당연한 일. 하지만 보름여가 지나도록 매일같이 연구소로 찾아오는 서 회장에게 메리건 연구소장은 결국 한 장의 추천서를 써줬다. 그가 바이오 사업가로 변신하는 순간이었다.

너무나 흔한 말이긴 하지만 그는 "사업은 운칠기삼(인생은 운이 70퍼센트, 노력이 30퍼센트다)"이라고 강조했다. 그가 생각하는 운이란 "단순한 행운이 아니라 주변 사람들의 올바른 의견과 노력'을 제대로 받아들이는 것"이라고 한다.

이건희 삼성그룹 회장에 이어 대한민국 2위, 전 세계 181위의 부자(〈포브스〉 기준, 보유 재산 81억 달러)가 된 지금도 서 회장이 직장인 앱인 '블라인드'를 매일같이 직접 꼼꼼히 살피는 이유다. 그는 "우리 직원들은 그곳에서 회사 욕도 하곤 하지만, 그래도 거기에서 내가 생각하지 못했던 지혜를 배울 수 있다"라며 웃었다.

그의 다음 관심사는 AI를 활용한 U 헬스케어(Ubiquitous Healthcare·유무선 기술을 통한 원격 건강관리) 사업이다. 이미 2년 전부터 북유럽 국가들과 협의 중이다. 헬스케어 관련 예산의 증가로 고민하는 선진

국이 많다는 현실을 사업에 접목했다. 그는 인구 500만~1000만 명 선의 유럽 국가들을 위한 U 헬스케어 플랫폼을 구축한 뒤 원격의료가 허용되는 국가에서 먼저 사업을 시작할 계획이다. 이를 토대로 지식과 경험을 구축한 뒤 장기적으로 국내에도 관련 기술을 적용한다는 목표다.

성공한 창업자인 그는 자신을 "대한민국에서 몇 안 되는, (거의) 전 계층을 살아본 사람"이라고 표현했다. 실제 그는 건국대학교 재학 당시 학비 마련을 위해 택시 운전사로 일했다. 이후 샐러리맨을 거쳐, 중소·중견기업 운영자에서 대기업 총수가 됐다.

셀트리온 창업 초기엔 신체 포기 각서를 쓰고 사채까지 끌어다 썼다. "더는 팔 수 있는 부분이 없을 정도"라고 당시를 회상했다. 극단적인 결심까지 했지만, 이를 악물고 시련을 견뎌냈다. 그리고 결국 성공했다.

그런 그에게 남은 꿈은 "사회통합을 위해 기여하는 것"이다. 그는 "소위 성공이란 걸 하고 여러 계층을 살아봐도 여전히 순댓국이 맛있고 제육볶음이 생각난다"라며 "돈을 얼마 더 버는 것보다는 후세가 잘살 수 있도록 사회통합을 이뤄내고 싶다"라고 했다.

그 시작은 65세에 회장직에서 물러나는 일이다. "회장이라고 다른 임원들과 다른 기준을 적용받으면 그건 독재"라는 말도 했다. '오너 경영자가 은퇴하기에 65세는 너무 젊지 않나'라는 질문에는 "은

퇴 후에 에너지가 남아있다면 사회를 위한 다른 일을 하면 된다"라며 웃었다.

그러면서 서 회장은 "돼지 농사를 잘 지은 사람으로 기억되고 싶다"라고 했다. 영·미식 비즈니스 세계에선 창업이 "새끼 돼지를 키워 중간 돼지 단계에서 이를 팔아 이익을 챙기는 식이라면, 한국 기업인은 그보단 사회적책임까지 다하는 '돼지 농사'를 짓는 마음이 되어야 한다는 의미"라며 "나 말고 돼지 농사를 잘 지은 사람이 더 많아져야 한다"라고 강조했다.

2부

그들이
만들어 내는
비즈니스

판교 대신 동남아,
성장률 6666퍼센트에 도전하다

K스타트업 대표 인터뷰

'젊은', '폭발적인', '규제 무풍지대'. 지난 몇 년 '동남아' 앞에 자주 붙게 된 수식어다. 2퍼센트대에서 자꾸 낮아지기만 하는 한국의 경제성장률과 달리 동남아는 연 5~7퍼센트의 성장률을 기록 중이다. 젊은 인구와 모바일 경제, 무규제를 앞세운 '창업의 메카'로도 주목받는다.

〈중앙일보〉는 한 달간 동남아에 사업 거점을 둔 3~7년 차 도약기 K스타트업 6곳의 대표들을 인터뷰했다. 이들은 왜 한국이 아닌 동남아에 둥지를 틀었을까. 동남아는 15~34세 인구가 60퍼센트에 달하는 '젊은 나라'다. 인구 6억 5000만 명의 세계 3위 규모 시장인데도 평균연령은 29세다. 25퍼센트 미만의 낮은 신용카드 보급률은

되레 모바일결제를 빠르게 확산시켰다. 이 덕에 차량 공유 업체인 '그랩', '고젝'과 전자상거래 업체인 '라자다' 등 1세대 벤처는 창업 수년 만에 기업가치 5조 원 이상의 유니콘기업이 됐다.

미얀마에서 K뷰티 커머스 플랫폼 'SSK'를 운영하는 박샛별 서울언니들 대표는 "1~2년 전 1만 원 초반대였던 고객들의 평균 구매액이 현재 1만 원 중후반대가 됐다"라며 "동남아에 뭉칫돈이 몰리는 걸 체감하고 있다"라고 말했다. 미얀마 뷰티 시장의 2007~2017년 10년간 성장률은 무려 6666퍼센트다. 한국에선 더 이상 찾아볼 수 없는 폭발적인 수치다.

동남아 3개국에서 기프티콘 사업을 하는 쉐어트리즈의 이홍배 대표는 "동남아 VIP로 불리는 베트남, 인도네시아, 필리핀 3개국 인구는 한국의 10배인 5억 명이고 GDP 성장률은 6~7퍼센트 수준"이라고 전했다. 2019년 스타트업얼라이언스 집계에 따르면 동남아는 미국을 제치고 창업자 78명이 꼽은, '진출하고 싶은 국가' 1위에 선정되기도 했다.

이들의 사업 아이템을 요약하면 '한국엔 있고 동남아엔 없는 것'이다. 한국과 동남아의 경제·문화적 간극은 약 10~20년 정도다. 그만큼 수요는 있으나 공급이 부족한 서비스가 많다. 한국에서 잘된 서비스를 벤치마킹하는 이른바 '타임머신형 투자'로도 성공할 수 있는 이유다.

(왼쪽 위부터 시계 방향)
박샛별 서울언니들 대표, 김은희 쇼퍼블 대표, 이홍배 쉐어트리츠 대표,
이수아 에스랩아시아 대표, 김성진 아이템쿠 대표, 최서진 스윙비 대표.

대표적인 곳이 중소기업용 인사관리 소프트웨어 개발사 스윙비다. 최서진 대표는 동남아 근로자 90퍼센트 이상이 중소기업에서 일하는 데도 인사관리 시스템은 비싸고 낙후됐다는 점에 주목했다. 창업 3년 차인 스윙비의 현재 고객사는 6500여 개다. 2018년 매출은 전년보다 380퍼센트 성장했다.

인도네시아 최초의 K패션 쇼핑몰 '더패피'를 운영하는 김은희 쇼퍼블 대표는 "인도네시아 패션피플 친구들을 따라 싱가포르에 쇼핑을 갔더니 죄다 동대문 옷이었다"라는 점에서 기회를 봤다. 투자사 매쉬업엔젤스의 최윤경 팀장은 "인도네시아 패션 시장은 25조 원 규모로 중·상류층을 중심으로 온라인 시장이 커지고 있다"라며 "저품질 제품이 대부분인 시장에 고품질의 동대문 의류를 들여온 점에서 성장이 기대되는 회사"라고 말했다.

많은 한국 기업이 현지화전략으로 동남아에 진출한다. 하지만 여섯 대표는 "처음부터 동남아에서 사업 기회를 찾았다"라고 말한다. '현지행'을 택한 것이다. 그 뒤엔 시장 선점으로 선두 기업이 되겠다는 창업자의 포부가 있었다.

게임, 운동화 등 마니아 기반 전자상거래 업체 아이템쿠의 김성진 대표는 "한국과 가까운 아시아권, 시장규모가 크되 인터넷 산업이 덜 성숙한 곳 등 여러 요소를 고려해 처음부터 인도네시아를 골랐다"라고 밝혔다. 실제 인도네시아는 세계 17위(매출 1조 3000억 원)

게임시장을 기반으로 '덕질' 문화가 왕성한 나라 중 하나다.

인력도 대부분 현지인을 쓴다. 아이템쿠는 대표와 CTO(최고기술경영자)를 제외한 전 직원이 현지인이다. 6개 사의 현지 직원은 한국 직원보다 약 3~18배 많다. "현지 서비스는 한국인이 아무리 일을 잘해도 현지인을 대체할 수 없기 때문(이홍배 대표)"이다. 비용 절감 효과도 크다. 베트남 액셀러레이터 VSV의 송승구 파트너는 "베트남의 대졸 초봉은 월 40~50만 원, 귀하다는 개발자 월급도 70만~100만 원이라 초기 비용이 덜 든다는 장점이 있다"라고 설명했다.

여섯 대표가 동남아 창업을 위해 가장 먼저 한 일은 현지 문화의 흡수다. 모두 1~2년 이상 현지 회사에서 근무했거나 4~7년간 글로벌 사업을 맡았던 경력이 있다. 신선식품 물류 스타트업 에스랩아시아는 말레이시아, 싱가포르, 태국, 홍콩에 법인을 두고 있다. 이수아 대표가 현지 맞춤형서비스를 위해 5개국에서 딴 통관 라이선스만 300개다. 뜨거운 동남아에서도 산지와 배송지 간 온도차를 5도 내로 맞추는 특제 배송 '그리니박스'가 핵심 기술이다. 현재까지 배송한 상품 수만 50만 개가 넘는다.

이해진, 김범수 등 판교 IT 업계의 주역들이 86~87학번이라면, 동남아 창업시장을 이끄는 대표들은 86~87년생의 젊은 30대들이다. 박샛별, 이수아, 최서진 대표가 86년생, 김은희 대표가 87년생이다. 이 중 김성진 대표와 최서진 대표는 판교 출신이다. 김 대표는

NHN게임스에서 글로벌 게임 포털 사업을, 최 대표는 안랩에서 동남아 6개국 사업을 맡았었다. 김 대표는 "김대일 펄어비스 의장 등 동료들이 창업하고 성공하는 걸 보며 자연스레 창업에 관심을 가졌다"라고 회상했다.

물론 쉬운 길은 아니다. 법인설립, 수입통관 등 외국 기업이 겪어야만 하는 법적·행정적 제약이 가장 큰 장벽이다. 김은희 대표는 "외국인이기 때문에 뒷돈을 요구하거나, 돈이 많을 거라고 생각하는 현지 문화 때문에 현지인이라면 쉽게 해결할 일을 어렵게 해결해야 할 때가 많다"라고 털어놨다.

미흡한 제도와 통계도 문제다. 김성진 대표는 "여느 개발도상국처럼 공신력 있는 수치를 찾기 정말 어렵다"라며 "예컨대 한국은 대졸자 초봉과 급여 인상률의 범위가 정해져 있다면, 인도네시아는 인력별 수준과 급여 차도 크고 인상폭도 넓어 급여를 책정하는 일이 쉽지 않다"라고 말했다.

외국인 차별은 없냐고 묻자 오히려 '한국 프리미엄'이 있다고 답했다. 배타적 단일문화가 강한 한국과 달리 다문화사회의 역사가 긴 데다, 한류의 인기에 힘입어서다. "한국 연구소가 개발한다는 것만으로 기대가 크다(최서진)", "현지인들이 로컬 서비스보다 한국 서비스를 선호한다(이홍배)", "투자사가 한국인을 근면하고 스마트한 워커홀릭으로 본다(김은희)"라는 경험담이 잇달았다.

한편 6개 사는 "한국 스타트업의 진출이 많지 않아 정보 커뮤니티도 적고 혼자 시장을 개척하고 있다"라고 털어놨다. 최 대표는 "세계 각국에서 인재들이 몰려와 창업하는 동남아 시장에 유독 한국계 스타트업이 적다는 느낌을 받는다"라고 말했다. 다른 대표들 또한 후배 스타트업에게 디딤돌 역할을 하고 싶다는 뜻을 밝혔다.

송 파트너는 "연륜 있는 해외 창업자들이 현지 문화에 더 밝은데도 정부의 창업 지원은 국내 스타트업과 국내에서 시작해 해외로 진출하는 기업에만 집중돼 있다"라며 "재외 스타트업들에게도 혜택이 돌아가야 한다"라고 말했다.

모바일
벼룩시장으로 오세요

'당근마켓' 대표 김재현

작은 시장이라고 여겨지는 곳도 파고들면 답이 보인다. 사용자의 필요를 세분화해서 편의를 높이는 시도는 성공하는 스타트업의 기본이라고 할 수 있다. 구글 플레이에 '중고'로 검색하면 250개 안팎의 앱이 나온다. 종합 중고 거래 앱부터 스마트폰, 자동차, 육아용품, 책 등 특정 분야 제품만 거래하는 앱까지 다양하다. 쓸모없어진 물건을 넘기거나, 신품보다 싼 중고를 구하려는 이들이 그만큼 많단 뜻이다. 그중에서 중고 거래 앱 부문을 넘어 구글 플레이 쇼핑 앱 부문에서도 1위를 차지하고 있는 '당근마켓'은 사용자의 지역에 기반한 중고 거래 서비스를 제공한다.

'당신 근처의 마켓'의 줄임말인 '당근마켓'은 2015년 '판교장터'라

는 이름으로 첫선을 보였다. 3년간 100만이 채 되지 않았던 월간 순
방문자수 그래프는 2018년 중반부터 가파른 J커브를 그리기 시작
했다. 2019년 방문자수는 월 400만 명에 달한다. 2019년 9월 기준,
한 달 사이에 올라온 거래글은 270만 건에 달했다. 추정 거래액 규
모는 500억 원 안팎. 구글 플레이 쇼핑 앱 부문에서도 1위로 올라선
지 오래다.

상승세가 두드러지다 보니 쟁쟁한 벤처캐피털의 대규모 투자도
이어지고 있다. 2018년 소프트뱅크벤처스 등으로부터 68억 원을
투자받은 데 이어 알토스벤처스 등으로부터 400억 원 투자를 유치
했다. 누적투자 유치액은 480억 원이다.

차고 넘치도록 많은 중고 거래 앱 가운데 '당근마켓'이 가장 '핫'해
진 이유는 뭘까. 서울 강남구 소재 사무실에서 만난 김재현 대표는
"물건 거래보다는 콘텐츠를 보는 재미를 주는 게 더 중요하다고 생
각했다"라며 "옛날 벼룩시장에 가면 물건을 사지 않고 아이쇼핑만
해도 재미있는 것처럼 스마트폰 내에 볼 게 많은 벼룩시장을 구현하
려 했다"라고 말했다. 쇼핑 정보 앱 '쿠폰모아'를 서비스했던 씽크리
얼스를 창업해 2012년 카카오에 매각한 김 대표는 이후 '카카오플
레이스', '카카오택시' 등을 개발하다 같은 팀에 있던 김용현 대표와
함께 2015년 '당근마켓'을 창업했다.

김재현 '당근마켓' 대표는
"해당 지역에서 물건뿐 아니라 유무형 서비스까지 연결해주는
'지역 플랫폼'으로 키워가고 싶다"라고 밝혔다.

Q **어떻게 보는 재미를 주나.**

A "우리는 사용자마다 철저히 개인화된 게시판을 노출해준다. 페이스북
이 이용자마다 다른 글을 노출하는 것과 같은 원리다. AI의 머신 러닝
(Machine Learning · 컴퓨터가 스스로 학습 과정을 거쳐 데이터를 수집, 분석하
는 기술)을 이용해 해당 이용자가 좋아할 만한 물건의 정보를 배열한다.
사용자가 아이를 키우는 엄마라면 육아 관련 중고 물품을 더 많이 노출
시키는 식이다. 그래서 일반 쇼핑 앱 대비 체류시간이 2~3배 길다. 어떤
쓸 만한 물건이 올라왔을까 하는 궁금증 때문에 계속 접속하는 이용자가
많다는 뜻이다."

'당근마켓'은 다른 중고 거래 앱과 달리 가입할 때, 자신이 사는
동네를 스마트폰 GPS(위성항법장치)를 통해 인증해야 한다. '내 동네'
범위 또한 좁거나 넓게 설정할 수 있다. 거래만이 아니라 물품을 보
는 것도 그 지역 인근(6킬로미터 안팎)에 사는 사람들이 올린 중고 물
품만 볼 수 있다.

Q **지역 기반 서비스인 점도 특이하다.**

A "출시 당시부터 실제 거주지역 인근에 사는 사람들끼리 중고 물품을 직
거래하는 '모바일 벼룩시장'을 지향했다. 판교에서 시작해 전국으로 서비
스지역을 넓혔지만, 인근 주민 간 직거래 원칙은 여전히 지키고 있다. 지

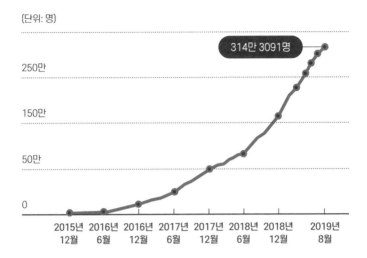

＋ 급증하는 '당근마켓' 월간 순방문자수 자료: 당근마켓

(단위: 명)

314만 3091명

250만

150만

50만

0

2015년 12월　2016년 6월　2016년 12월　2017년 6월　2017년 12월　2018년 6월　2018년 12월　2019년 8월

역을 한정하는 이유는 카카오에 있을 때 경험에 착안했다. 같은 회사 사람이라 믿고 거래하고, 가격도 더 싸게 하더라. 그걸 동네 개념으로 치환했다. 마주칠 가능성이 더 높은 동네 주민끼리는 더 믿을 수 있다고 생각했다. 거래가 늘다 보니 10번 거래하면 한 번은 이전에 거래한 사람을 마주치기도 한다. 동네 범위도 AI가 정밀하게 지역 특성, 인구수, 이용자 성향 등을 고려해 최적의 범위로 연결한다."

Q AI가 상당히 많이 활용된다.

A "거래 금지 물품을 걸러내는 것도 AI가 한다. 술·담배·동물이 대표적이

다. 머신 러닝으로 AI를 학습시켜 관련 사진을 찾아내 거래를 못 하게 막는다. 루이뷔통, 구치 등 명품 가방 모조품도 AI가 잡아낸다. 일반인들의 중고 거래가 아닌 상업적 광고 글, 사기성 글도 마찬가지다. 한 달에 270만 개 이상의 글이 올라오는데 이걸 일일이 사람이 걸러낼 수는 없지 않나. 그래서 AI 기술을 고도화시켰다. AI 기술이 중요하다 보니 직원 30여 명 중 개발자가 22명이다."

Q 중고 거래는 물론 동네 커뮤니티 역할도 한다.

A "현재 지역 커뮤니티의 중심은 맘 카페가 아닌가. 우리는 맘 카페가 지역 내에서 하는 역할을 하고 싶다. 도시화됐지만 여전히 사람들은 자신이 사는 동네를 중심으로 생활한다. 그리고 그 안에 있는 사람들끼리 연결되고자 하는 수요는 언제나 있다. 중고 물품을 사고파는 사람뿐 아니라 취미 생활, 맛집 정보 등 동네 사람이 필요로 하는 모든 걸 이어주기 위해 '동네 생활' 피드를 만들었다."

Q 중고 거래 앱인데 한 달에 300만 명이나 찾는 이유는 무엇이라고 보나.

A "맘 카페에 사람이 몰리는 이유는 광고 글이 아닌 실제 그 동네에 사는 사람들이 직접 이용해본 경험을 들을 수 있어서다. 요즘에는 인터넷에 광고성 글이 너무 많기 때문에 폐쇄형 카페에서 믿을 만한 정보를 얻는다. 그런 점을 고려해 '당근마켓'에선 GPS로 동네 사람 인증을 해야 관련 글을 쓸 수 있고 볼 수 있게 했다. 서울에 사는 사람이 제주도에 가서 여러 차례 광고 글을 올릴 수는 없지 않나. 그렇게 믿을 만한 생활 정보를

공유할 수 있게 환경을 만들었다. 뿐만 아니라 함께 강아지 산책시킬 사람을 구하거나 독서 모임을 할 사람을 구할 때도 우리 앱을 이용할 수 있다. 또 해당 지역 내 자영업자들의 정보도 게시한다. 여기도 동네 인증을 받은 사람만 평가할 수 있기 때문에 신뢰도 높은 리뷰가 나올 수 있다. 궁극적으로는 해당 지역에서 물건뿐 아니라 유무형 서비스까지 모든 걸 연결해주는 지역 플랫폼으로 '당근마켓'을 키워가고 싶다."

콘텐츠 리뷰에서
야구 편파 중계까지

AI가 할 수 있는 것들

최근 AI를 활용해 데이터를 분석하거나 해결책을 제시하는 AI 관련 스타트업이 많은 투자를 받고 높은 성장세를 보이고 있다. 이는 판교뿐 아니라 미국 실리콘밸리도 마찬가지다. 구글 차이나의 사장을 지낸 AI 전문가 리카이푸는 앞으로 15년 내 전체 일자리의 40퍼센트가량이 AI로 대체될 것이란 예상을 내놓기도 했다. 미국의 조사연구기관인 퓨리서치센터는 2017년에 "(설문에 응답한) 미국인의 72퍼센트가 AI나 머신 러닝으로 인해 일자리가 사라질 것이라고 우려한다"라는 연구 결과를 내놓은 바 있다.

단순 비용 처리 업무는 물론, 게임 개발에 이르는 다양한 업무를 AI가 처리하고 있다. 특히 판교 밸리에 있는 대형 IT 기업은 이런 움직임의 최첨단에 서있다. AI 신기술을 성장 동력으로 보고 회사 연구·개발예산의 상당 부분을 투입하는 데다, 평소 매일 하는 업무에 적용하는 데 별 거부감이 없는 조직문화 때문이다.

게임업체인 넷마블은 마젤란 프로젝트를 진행하고 있다. 핵심 목표는 '균형 잡기'. 게임이 재밌으려면 등장 캐릭터 간 능력이 최대한 비슷해야 한다. 특정 캐릭터가 너무 세면 게임 속 세상의 균형이 무너진다. 마젤란 프로젝트는 이런 캐릭터 간 균형을 AI로 맞추는 것이다. AI가 각 캐릭터로 수십만 번 게임을 해본 뒤 'A의 스피드는 올리자', 'B의 체력은 낮추자'는 식으로 개발자들에게 상세한 수치를 제안한다. 과거엔 일일이 수동으로 테스트를 해보고 조절했었다.

넷마블은 실제 게임 개발에서 이 툴의 적용을 목표로 하고 있다. 게임 속 버그(오류)를 잡아내는 로봇의 '리그레션 테스트(Regression Test·의도치 않은 부작용을 발견하기 위한 반복적인 검증)'도 활발히 진행 중이다. 이를 통해 버그수정의 40퍼센트가량은 자동으로 이뤄진다. 관련 업무 시간 역시 40퍼센트 줄어들었다.

방준혁 넷마블 의장은 AI의 역할을 '이용자와 경쟁하는 것이 아닌, 이용자 수준에 맞게 게임을 제공하고 같이 놀아주는 것'이라고 규정한 바 있다. 넷마블은 2018년 이미 AI 기술 개발 전담조직인 NARC를 만들어 운영 중이다. 2019년 4월 넷마블 측에 따르면 NARC가 출원한 특허는 65건에 달하고, 이 중 15건은 등록이 완료

된 상태다.

대량의 콘텐츠 안에서 불순한 게시물 등을 찾아내기도 AI의 몫이다. 카카오는 자사 콘텐츠 모니터링에 AI를 활용한다. 상업성 짙은 광고물이나 지나치게 성적인 내용을 담은 게시글 등을 찾아내 이를 삭제한다. 의사의 처방 없이 살 수 없는 비아그라를 판매한다는 글이나, '스포츠토토 필승법', 'XXX 부킹 예약' 등의 게시물을 AI가 찾아내 솎아내는 식이다. 이런 식으로 하루에도 수십만 건의 유해 콘텐츠가 삭제된다. 카카오 측은 "사실상 사람의 손으론 불가능에 가까운 일을 AI로 처리하고 있다"라고 말했다. 카카오가 운영하는 다음 뉴스와 카페, 댓글뿐 아니라 콘텐츠 창작 플랫폼 '브런치'에도 이런 기능이 활용된다. 하지만 '카카오톡'은 개인공간인 만큼 모니터링하지 않고, 할 수도 없다.

포스코ICT 노무후생 팀의 김석환 사원은 최근 들어 업무처리 속도가 30~40퍼센트가량 빨라졌다. AI 로봇 'RPA(Robot Process Automation·업무 자동화 솔루션)'의 도움을 받게 된 덕이다. 덕분에 직원들의 출장비를 한결 쉽게 정산하게 됐다. 과거에는 직원들이 청구한 출장비와 회사의 지급 기준을 비교하기 위해 출장지 주소를 일일이 입력해 실제 출장 거리를 조회하고, 이를 비교하는 단순 작업을 반복해야 했다. 하지만 이제는 AI 로봇이 출장비 청구 내역에서 장거리 출장만 별도로 골라내 관련 데이터를 생성하고, 자동으로 출장지별 최단 거리를 조회해 여비·교통비 지급 기준과 비교한다. 직원들의 입력 실수로 잘못 청구된 출장비도 알아서 정정한다. 포스코ICT는 재무나 회계, 인사관리 등 경영 지원 분야 26개 업무에 이 로봇을 적용 중이다. 도입 효과도 분명하다. 출장비 정산 업무는 과거 연간 650시간가량이 걸렸으나, 최근에는 80시간으로 88퍼센트 줄이는 데 성공했다. 곽현미 포스코ICT 팀장은 "기존 IT 인프라를 그대로 두고 소프트웨어만 업그레이드하기 때문에 대규모 투자가 필요하지 않고, 구축 기간도 수주~수개월로 짧은 편"이라며 "포스코 그룹 계열사 외에 다른 기업에도 보급해 나갈 계획"이라고 밝혔다.

판교에 있는 SK C&C가 개발한 기업용 챗봇 '에이아이에스'는 챗봇이 받은 여러 질문 중 유사도가 높은 문장을 묶어 맥락을 스스로 파악한다. "이 도표 해석이 어려워"라고 말하면 "어떤 도표인가요?"라고 되묻는 게 아닌, 지금까지 파악한 데이터로 '금융도표구나' 하고 알아채 업무에 도움을 주는 식이다. SK C&C 측은 이 챗봇이 대학의 학사 관리나 금융권의 비대면 상담에 활용될 것으로 기대하고 있다. 이외에도 기업 내 사내 매뉴얼을 대신할 검색 챗봇 등 다양한 형태의 AI 챗봇이 생겨날 것으로 예상하고 있다.

스포츠 분야에서 AI는 야구 관람법을 근본적으로 바꾸고 있다. 지금까진 방송사가 제공하는 천편일률적 중계 화면과 경기 기록, 하이라이트 영상을 수동적으로 받아들여야 했지만, AI를 활용하면 원

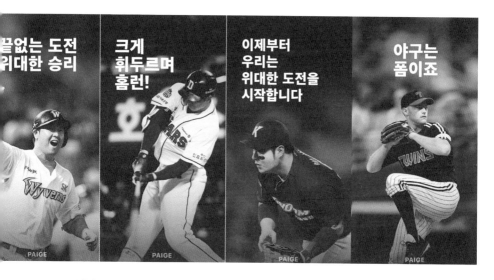

끝없는 도전
위대한 승리

크게
휘두르며
홈런!

이제부터
우리는
위대한 도전을
시작합니다

야구는
폼이죠

엔씨소프트의 AI 기반 야구 앱 '페이지'는
이용자가 선호하는 팀에 따라 시작 화면이 달라진다.
왼쪽부터 SK 와이번스, 두산 베어스, 키움 히어로즈,
LG 트윈스 팬의 시작 화면.

하는 팀과 선수, 보고 싶은 장면만 모아서 볼 수 있기 때문이다. 이른바 편파 감상으로 불리는, 적극적 콘텐츠 소비가 자유자재로 가능하다. 엔씨소프트의 야구 앱 '페이지'는 AI에게 40만 장가량의 프로야구 중계 이미지를 주고 딥러닝(Deep Learning·패턴을 분석해 추론하는 컴퓨터의 자기 학습 방법)으로 야구 장면을 이해하도록 가르쳤다. 모든 타석 중 투수가 던진 공을 타자가 치거나 아웃당하는 결정적 장면만을 골라내도록 학습시킨 것이다. 이를 통해 '페이지' AI는 경기가 끝나면 5분 안에 3시간짜리 경기를 15분으로 편집한 요약 영상을 앱에 올린다. 자신이 응원하는 팀을 선정해 놓으면 해당 팀의 요약 영상을 매 경기 볼 수 있다. 장정선 엔씨소프트 NLP 센터장은 "AI의 학습량이 늘어나면 앞으로는 '올해 엔씨다이노스의 슈퍼 캐치(호수비)를 보여줘' '양의지의 홈런 장면을 모아줘' 같은 요청도 AI가 해결할 수 있다"라며 "모두가 똑같은 장면을 보는 게 아니라 이용자 입장에서 더 즐거운 장면을 자기 주도적으로 손쉽게 선별해서 즐길 수 있는 편파 중계가 가능해지는 것"이라고 설명했다.

네이버 스포츠의 'AI 득점 하이라이트'도 AI가 득점 상황을 편집해 보여주는 서비스다. 생중계되는 영상 속 움직임과 영상 내 문자를 인식하는 기술을 조합했다. 득점이 시작되는 투구와 득점이 이뤄지는 장면까지를 찾아서 편집한다. 네이버는 2018년 한국시리즈 생중계 도중 홈런 장면을 반복해서 볼 수 있게 해주는 'AI 홈런 장면

되돌려 보기' 서비스를 출시한 바 있다.

AI의 역할은 영상편집에 국한되지 않는다. 언어 AI 기술은 야구 팬들의 각종 궁금증을 해결할 수 있는 창구가 된다. '페이지'는 최근 '투머치토커'라는 별명으로 인기를 모으고 있는 한국인 최초 메이 저리거 박찬호의 성격과 말투를 빌린 '찬호박 AI 챗봇' 서비스를 시 작했다. 기존 인물의 말투와 화법을 차용해 AI가 말하면 더 친근하 게 이용할 수 있다는 점을 기대해서다. 예컨대 "찬호박, 메이저리그 경험 말해줘"라고 물으면 특유의 장황한 말투로 메이저리그 경험과 굳이 필요 없는 정보까지 잔뜩 설명하는 식이다. 양푸름 엔씨소프트 AI서비스실 기획팀장은 "이기면 좋고 지면 기분 나쁜 이용자 입장 에서 공감할 수 있게 해당 정보에 대한 감정을 AI가 판단하고 그걸 반영해 전달한다"라며 "유명인의 말투를 따라 하게 하는 서비스는 향후 다른 특징 있는 이들로 확장할 계획"이라고 설명했다.

뉴스 기사, 각종 중계 영상, 문자 데이터 등 수많은 정보를 이용자 가 즐길만한 정보로 재가공하는 작업도 AI가 한다. 예컨대 경기 시 작 전에 오늘 경기에서 활약이 기대되는 선수를 데이터에 기반해 알 려준다. 최근 저녁에 치른 경기에서 장타율이 높은 선수, 해당 요일 에 출루율이 높은 타자, 기온이 낮아지면 제구력이 좋아지는 투수 등을 AI가 분석해 꼽아준다. 뉴스 기사도 자신이 응원하는 팀·선수 가 언급된 기사를 추려주고 구어체로 바꿔, 보다 편하게 읽을 수 있게 해준다.

문자중계에도 변화가 올 전망이다. 응원하는 팀에 따라 이모티콘을 활용해 감정을 넣는 서비스, 경기를 해설해주는 AI 아나운서의 야구 중계 목소리를 팀에 따라 톤을 바꿔주는 서비스도 선보일 계획이다. 장정선 엔씨소프트 센터장은 "기존 AI 서비스가 사용자와의 상호교류에 초점을 뒀다면, 우리는 사용자가 필요한 콘텐츠 제공에 AI 기술을 집중하고 있다"라며 "야구는 종목 특성상 언어, 비전, 지식, 음성 등 AI의 대표적인 기술을 적용하기에 좋은 분야"라고 설명했다.

밀레니얼 세대의
살롱 문화에 주목하라

'버핏서울', '트레바리', '다노'의 공통점

밀레니얼 세대가 소비의 중심으로 떠오르면서 스타트업과 벤처 투자사들이 이들에게 주목하고 있다. 그들은 1980년대부터 2000년대 초반에 태어나 IT 기기에 능숙하고 소확행(소소하지만 확실한 행복)을 좇는다. 살롱 문화는 밀레니얼 세대를 설명하는 대표적인 단어다. 살롱(Salon)은 본래 18세기 지성인과 예술가들이 한데 모여 다채로운 토론을 하고 친분을 쌓는 비정기적인 사교 모임이었다. 밀레니얼 세대에게 살롱 문화는 비슷한 취향과 관심사를 가진 사람을 모아 교류하는 것이다.

이를테면 다음과 같은 가정을 할 수 있다. '비슷한 나이대의 사람들이 모여서 운동을 하게 돕는다. 이렇게 함께 운동하는 이들은 이

전엔 서로 전혀 모르던 사이다.' 현대판 살롱 문화를 본뜬 비즈니스 모델로 5000여 명의 유료 회원을 모은 스타트업이 있다. 온·오프라인 그룹 운동 플랫폼 업체인 '버핏서울'의 이야기다. '모인다'와 '운동한다'의 두 가지를 결합한 '버핏서울'의 비즈니스 모델은 기존 기업 입장에선 생소하다. 〈중앙일보〉와 만난 장민우 '버핏서울' 대표는 "요즘 20~30대는 비슷한 생각을 가진 다른 이들과의 사회적 관계를 맺는 것에 대한 니즈가 크다"라며 "'다른 이와 함께 운동하고 싶다'는 생각을 가진 회원들이 있을 것이라 생각했고, 어느 정도 예상이 맞은 덕에 꾸준히 회원 수가 늘고 있다"라고 소개했다. 장 대표는 서울대학교 체육교육과를 나와 대기업 계열 광고 회사에 다니다 2017년 '버핏서울'을 시작했다.

실제 '버핏서울'은 '모여서 운동한다'는 점을 기본으로 한다. 운동은 한 조당 16명이 모여서 한다. 남자 8명, 여자 8명으로 성비를 맞췄다. 운동을 원하는 지역과 운동의 목적 등에 맞춰 조가 구성된다. 각 조에는 운동을 돕는 트레이너가 2명씩 배치돼 주 1~2회가량 오프라인으로 모인다. 오프라인 운동이 없는 날에는 각자가 소화해야 할 운동량을 정해주고, 그 이행 여부를 온라인으로 확인해 준다. 이런 식으로 6주 코스를 기본으로 한다. 6주간 회원이 지불하는 비용은 35만 원이다.

장 대표는 "물론 적은 돈이 아니지만, 혼자서는 꾸준히 운동하기

'버핏서울'은 공통된 취향과 관심사를 가진 사람끼리 교류하는
살롱 문화를 운동에 접목했다.

힘들어하던 사람도 함께하면 지속해서 운동에 참여할 수 있어 반응이 좋다"라고 말했다. 회원 수가 꾸준히 증가하면서 2019년에는 카카오벤처스와 컴퍼니케이파트너스 같은 벤처투자사에서 15억 원을 투자받았다. 운동만 모여서 하는 게 아니다. '모여서 책을 읽는다'는 점을 기본으로 하는 독서 모임 기반 커뮤니티 '트레바리'도 있다. 2015년 9월 첫 시즌을 시작한 이래 4개월 단위 시즌제로 꾸준히 운영되고 있다. 참가자들은 한 달에 한 번 토론 장소인 아지트에 모여 책을 읽는다. '클럽'이라 불리는 각 독서 모임은 참가자가 관심 있어 하는 분야의 책으로 나뉜다. 클럽당 참가자는 10~20명 선이다. 한 번 클럽을 정하면 한 시즌 동안 바꿀 수 없다. 유료 서비스로 해당 클럽에 전문가가 클럽장으로 활동하는 곳은 시즌당 29만 원, 클럽장이 없는 곳은 19만 원을 각각 내야 한다. 김상헌 전 네이버 대표 등 50여 명의 클럽장이 활동 중이다.

생각보다 많은 이들이 호응하면서 현재 회원 수는 5500여 명에 이른다. 윤수영 '트레바리' 대표는 "혼자서는 해보지 못 했을 생각을 함께 책을 읽으면서 다양하게 나눌 수 있다는 게 큰 장점"이라고 말했다. '트레바리' 역시 2019년에 소프트뱅크벤처스(45억 원)와 패스트인베스트먼트(5억 원)로부터 총 50억 원의 투자금을 유치하며 주목받았다. 오프라인 모임 공간인 아지트 역시 강남과 압구정, 안국, 성수 등 4곳으로 늘어났다.

65억 원의 누적 투자금을 유치한 여성 다이어트 전문 스타트업 다노 역시 '다이어트'와 '커뮤니티'란 두 가지 키워드를 무기로 꾸준한 성장세를 기록 중이다. '다노' 앱으로 다이어트 관련 콘텐츠를 제공받고, 유료 클래스인 마이다노에선 회원 개개인에 적합한 온라인 다이어트 코칭을 받는다. 매월 7~8만 원가량이 드는 유료 프로그램이지만, 연인원 기준 10만 명 이상이 이 프로그램을 이용 중이다. '다노' 앱 누적 다운로드 건수는 200만 건을 돌파했다.

　'다노'는 여성만을 대상으로 한다. 다이어트 전후의 실제 사진을 온라인 공간에 올려야 하는 만큼 대상을 여성으로 한정하는 게 더 편안한 코칭이 가능할 것이란 취지에서다. 덕분에 유료 프로그램 이용자의 95퍼센트 이상이 20~30대 여성이다. 여기에 코칭 상담소나 회원을 위한 오프라인 운동 클래스, 쿠킹 클래스 등 살롱 문화의 특징을 적절히 입혔다.

　이들 스타트업 모두 회원들에게 일정 부분 과제를 부과하고 오프라인 모임 등을 통해 재미를 배가한다는 공통점이 있다. '버핏서울'은 오프라인 운동 모임이 없더라도 날마다 홈트레이닝 과제를 부과한다. 홈트레이닝을 잘해온 이에게는 '버찌(버핏배찌)'라는 자체 포인트가 제공된다. 오프라인 뒤풀이 등에 적극적으로 참여해도 그렇다. '트레바리'는 오프라인 모임에 참석하기 위해 모임 이틀 전에 400자 이상 쓴 독후감을 내도록 한다. 독후감을 쓸 만큼 제대로 책을 읽어와야 내실 있는 토론이 가능하다는 취지에서다. '다노' 역시 그날그날의 운동량을 충실히 소화하도록 하고 있다.

물론 이처럼 살롱 문화에 기반해 세를 불리고 있는 스타트업들에 대한 비판의 목소리도 있다. '결국 비싼 돈 내고 참가하는 단순한 사교 모임 아니냐'는 지적이 대표적이다. 하지만 이런 성격의 스타트업과 서비스는 당분간 증가할 것으로 보인다. 이명진 고려대학교 사회학과 교수는 "요즘 20~30대는 형제 수도 적고 어려서부터 부모의 보호 속에 자라다 보니 타인과의 관계 형성에 익숙하지 않지만, '관계를 형성해야 한다'는 수요는 어느 세대에게나 늘 있다"라며 "이런 점에서 사람들을 이어주는 살롱 문화 기반 스타트업들은 더 늘어날 것"이라고 내다봤다.

펫 시터, 애니맨···
긱 워커들이 온다

긱 워커 플랫폼

#1. "루루야 가자~". 주부 김미경 씨는 일주일에 2번 서울 동대문구의 한 가정집을 찾아 몰티즈 루루와 산책한다. 그는 반년 전부터 반려동물 돌봄 서비스 '우푸'의 '도그 워커(전문 반려견 산책인)'로 일하고 있다. 1시간 산책 이용료 2만 5300원에서 수수료와 세금을 떼고 김 씨가 받는 금액은 1만 8400원. 김씨는 루루 말고도 반려견 3~4마리의 산책을 책임지고 있다.

#2. 아모레퍼시픽 다이어트랩에서 근무하던 황수미 씨는 2015년 첫아이를 출산하면서 일을 그만뒀다. 출산 후 찾아온 몸의 변화와 우울감에 재취업을 고민하던 그는 운동처방사 1급 등의 특기를

살려 여성 전문 다이어트 앱 '마이다노' 코치에 취직했다. 황 씨는 "하루 4시간만 채우면 원하는 시간, 원하는 장소에서 근무할 수 있어 두 아이의 육아와 병행하기 좋다"라고 전했다.

이들은 모두 '긱 경제(Gig Economy)'에서 일하는 '긱 워커(Gig Worker)'다. '긱(Gig)'은 미국에서 재즈 연주자들이 필요할 때 일시적으로 모여서 하는 공연을 가리키는 용어였다. 긱 워커는 기업이 임시직, 단기직으로 고용하는 사람을 말한다. 최근에는 IT의 발달로 전통적인 일자리는 줄어드는 대신 서비스 이용자와 제공자를 연결해주는 스타트업이 많아지면서 '긱 워커'가 늘어나고 있다. 2019년 1월 글로벌기업가정신연구(GEM) 보고서에 따르면 한국은 조사 대상 54개국 중 '긱 경제 또는 공유경제에 참여하는 성인 비율(21.5퍼센트)'이 가장 높은 나라로 확인됐다. 긱 워커의 핵심은 원하는 시간에 원하는 만큼 일하고, 일한 만큼 돈을 번다는 점이다. 긱 워커는 특히 대학생과 경력 단절 여성, 전업주부 등 정규직 일자리를 구하기 힘든 이들에게 새로운 기회가 되고 있다.

펫 시터 서비스인 '도그메이트'에는 자택에서 반려견을 돌봐주는 가정집 펫 시터 350명과 반려견의 집을 방문하는 방문 펫 시터 100명이 활동 중이다. 이들 대부분은 반려동물을 키워본 경험이 있는 프리랜서와 전업주부다.

펫 시터들은 주 1~2회를 일할 수도, 매일 같은 시간에 일할 수도 있다. 가정집 펫 시터는 하루 2~4만 원 선의 이용료 중 80퍼센트를, 방문 펫 시터는 시간당 평균 2만 8000원의 이용료 중 70퍼센트를 받아간다. 이하영 '도그메이트' 대표는 "전업 시터의 경우 월 200만 원, 많게는 월 300만 원까지 벌기도 한다"라고 말했다. 도그메이트를 하고 싶어하는 지원자가 매달 200명 넘게 새로 몰리는 이유다.

단기 일자리라지만 평균 근속연수도 1년으로 긴 편이다. 2016년 창업 때부터 4년간 꾸준히 일한 시터도 10명이 넘는다. 견주도 반려견도 익숙한 시터를 선호하는 데다가 직장 때문에 반려견을 맡기는 정기적 이용자가 많기 때문이다.

베이비시터 플랫폼인 '맘 시터'는 전국에 활동 가능한 시터 7만 명을 보유하고 있다. 시터 수는 2018년 10월에 1만 명 수준에서 10개월 만에 7배 성장했다. 아이 밥 챙겨주기 등 간단한 돌봄이 주요 업무라 취업 준비생, 대학생 등 20대 시터가 60퍼센트에 달한다. 평균 시급은 9000원. 시터가 조건에 따라 희망 시급을 적는 구조다. 서울 강남, 서초 등 수요가 높은 지역일수록, 전문 자격을 많이 갖춘 시터일수록 시급은 1만 5000원 이상까지 높아진다.

위 사례의 황수미 씨처럼 경력 단절 여성이 주로 활동하는 플랫폼도 있다. '다노'에서 활동 중인 160여 명의 프리랜서 다이어트 코치 중 대다수는 운동 또는 영양 관련 자격증 1개 이상을 보유한 경력 단절 여성이다. 스마트폰만 있으면 언제 어디서든 근무할 수 있다는 장점 덕에 '육아 병행이 가능한 직장'으로 꼽힌다.

플랫폼 스타트업이 장애인 일자리 창출에 기여하기도 한다. 인력 중개 플랫폼 '애니맨'은 '바퀴벌레를 잡아달라'는 이색 심부름부터 가구 조립까지 필요한 곳에 헬퍼를 보내준다. '애니맨' 측은 "헬퍼 중에는 몸이 살짝 불편한 장애인도 있지만 미션 수행에 지장이 없고 많이 활동하는 경우 월 50만~100만 원을 벌기도 한다"라며 "누적 수익 상위 10위 헬퍼 중 한 분도 장애인"이라고 전했다.

사람과 사람을 연결해주는 플랫폼이다 보니 '검증된 긱 워커를 얼마나 확보하고 있느냐'가 현재 긱 워커를 고용하는 플랫폼이 마주한 가장 큰 고민이다. 그래서 대부분의 플랫폼은 신뢰 문제를 극복하기 위해 자격증 요구 등 자체 검증이나 몇 주간의 온·오프라인 전문 교육, 소비자 이용 후기 등을 활발히 운영 중이다. 업체별로는 근로자의 채용 횟수와 사진, 프로필 등 상세 정보를 소비자에게 공개하거나('맘시터', '애니맨'), 견주에게 액션캠 돌봄 영상 제공('도그메이트'), 음란성 및 술·담배 심부름 등 범죄 우려가 있는 요청의 자체 필터링('애니맨')처럼 소비자를 안심시키려는 여러 장치가 운영되고 있다.

긱 워커 입장에서도 노동의 불안정성 문제가 숙제로 남는다. 대부분의 긱 워커들은 근로기준법상 근로자 기준을 충족하지 못한다. 할당 근무시간, 최저임금 등을 적용받는 임금 고용계약 대신 독립 계약자(자영업자 내지는 개인사업자) 형태로 계약을 맺기 때문이다. 이들은 플랫폼상 회원 대 회원으로 고객을 만난다. 플랫폼 또한 사용자로서 법적책임을 지지 않는다. 플랫폼의 지위가 '사용자'인지부터가 모호하기 때문이다.

이렇다 보니 4대보험, 노동삼권은커녕 일한 대가를 제대로 지불받지 못하는 경우도 있다. '애니맨' 측은 "현금결제를 택한 고객과 연락이 두절돼 돈을 떼인 헬퍼들이 가끔 나온다"면서 "현재는 잘못한 고객에게 이용 제한 페널티를 주고 있다. 향후 현금결제를 없애고 선납식 카드 결제만 남길 예정"이라고 말했다.

사실 긱 워커의 권리보호 문제는 범세계적인 고민이기도 하다. 한 예로 승차공유 업계 서비스 1, 2위인 '우버'와 '리프트'의 드라이버들은 2019년 5월 '우버'의 IPO를 앞두고 전 세계에서 처우 개선을 요구하는 글로벌 동맹파업을 벌이기도 했다. 그나마 미국, 일본, 독일 등은 이미 정부 차원에서 구두계약 방지, 최저임금 적용 등 긱 워커의 사회적 보호와 관련된 법안 마련에 들어갔지만, 한국은 아직 요원하다.

노동권 사각지대임에도 긱 워커가 확산 추세인 것은 분명하다. 자투리 시간을 활용하고, 출퇴근 제약이 없는 탄력적인 근무 환경을 원하는 이들이 있기 때문이다. '다노' 코치인 황수미 씨는 "1년 단위로 개인사업자 형태의 근로계약서를 갱신하지만 4대보험은 적용되지 않는다"면서도 "대기업에서 일할 때보다 세밀하게 수강생들을 관리할 수 있어 성취감이 크고, 위치 제약 없이 시간을 자유롭게 쓸 수 있다는 게 굉장한 장점"이라고 스스로 긱 워커가 된 이유를 밝혔다.

박상래 국가경영전략연구원 연구원은 "산재보험, 고용보험 등 노동자의 권리를 보장받지 못한다는 문제가 있지만, 사회적으로 재취업에 어려움을 겪는 은퇴자, 경력 단절 여성 등이 전문성을 활용해 일할 수 있고 프리랜서나 개인사업자가 되기 위한 일종의 징검다리로 활용할 수 있다는 장점도 분명히 있다"라고 말했다. 또한 "노동자는 소비자를 찾아 나서는 부담을 덜 수 있고, 소비자는 맞춤형 요구를 할 수 있다는 점에서 긱 워커를 고용하는 플랫폼은 계속 확산할 것"이라고 전망했다.

게임의 완성도를 좌우하는
게임 폴리아티스트

엔씨소프트 박준오

진짜보다 더 진짜 같은 소리를 만드는 이들이 있다. 영화와 게임을 비롯한 각종 영상에 입히는 다양한 소리를 디자인하는 폴리아티스트(Foley Artist)가 그들이다. 무성영화에 처음 소리를 입힌 잭 폴리(Jack Foley)의 이름에서 유래한 폴리아티스트는 국내에 영화와 게임 분야에 10명이 채 안 된다. 판교에는 국내 유일의 게임 전문 폴리아티스트 박준오 씨가 있다.

판교의 엔씨소프트 지하 2층 폴리 녹음실. 녹음실 내부는 잡동사니 보관소 같았다. 자동차 문짝, 타이어, 깨진 벽돌 등이 널브러져 있었다. 폐차장이나 고물상 등에서 직접 구해왔다는 이 물건들은 게임 사운드 제작에 쓰이는 소품들이다. 녹음실 내부에는 콘크리트바닥과 모래 바닥도 설치돼 있다. 그는 이곳에서 이승기 레코딩 엔지니어와 함께 게임에 들어가는 아주 단순한 소리부터 복잡한 소리까지 다양한 소리를 만들어 낸다.

원래 영화판에서 사운드 제작을 담당하던 박 씨는 2014년 엔씨소프트에 합류했다. 박 씨가 속한 엔씨소프트 사운드 센터에는 그를 비롯해 작곡과 사운드디자인 등 게임 음향을 담당하는 60여 명의 직원이 일한다. 영화제작 규모의 5.1 채널 영상 사운드 믹싱룸과 폴리 스튜디오를 갖춘 곳은 국내 게임사 중 엔씨소프트가 유일하다.

게임에 흔히 등장하는 드래곤이나 각종 몬스터들은 세상에 없는 존재다. 박 씨는 실체가 없는 존재들에게 실감 나는 소리를 입혀준다. 세상에 없는 소리를 만들지만, 소리의 원천은 일상생활 주변에서 나온다. 바이올린 활로 공사장에서 쓰는 미장용 흙손을 문질러 '휘잉' 하며 칼날이 공중을 가르는 소리를 만들어 내는 식이다. 실제로 엔씨소프트 게임 '블레이드앤소울' 트레일러 영상 중 후반부에 등장하는, 칼이 움직이는 소리는 바이올린 활로 미장용 흙손을 문질러 제작했다. 또 다른 게임 '아이온' 트레일러 영상 중 물감 소리는 헤어 젤과 케첩, 고무풍선 등을 활용해 만들었다.

실감 나는 소리를 위해 동원되는 기발한 재료는 이뿐만이 아니다. 몬스터나 해골 병사들이 달그락거리며 움직이는 소리는 감자탕집에서 얻은 뼈로 만든다. 박 씨가 뼈들을 흔들고 서로 부딪히니 해골 병사들이 움직이는 소리가 났다. 여기에 마카다미아 껍질 등을 바스락거려 얻은 소리를 섞었다. 칼에 맞은 괴물이 갈라지는 소리는 게나 가재 같은 갑각류의 등껍질을 벗길 때 나는 소리로 만든다. 그는 "상상 속 존재들이지만, 우선 머릿속으로 어떤 소리가 날지 그려본 다음에 거기에 최대한 재질 등을 맞춰서 소리를 만든다"라며 "감자탕 뼈는 집에서 기르는 개에게 준다고 말하고 잔뜩 얻어와 쓴다"라고 웃으며 말했다.

좋은 소리를 내기 위해 직접 발 벗고 나서는 '연기'가 필요할 때도 있다. 일례로 게임 속 여성 캐릭터의 발소리는 그가 직접 하이힐을 신고 걷는 소리를 녹음해 사용한다. 도도한 느낌이 들도록 높은 굽을 구해 신는다. 미혼일 때는 당시 여자친구였던 아내의 신발을 빌려서 소리를 만들었다. 아이들에게는 장난감을 가져가서 돌려주지 않는 아빠다. "아이들 장난감에서 어른들 물건에선 나지 않는 다양한 소리가 나기 때문"이라고 했다.

종종 농부로 변신할 때도 있다. 날이 맑을 때면 이승기 엔지니어와 함께 사옥 앞 금토천변에 나가 풀이나 갈대를 베어 온다. 이를 말려서 게임 캐릭터가 풀숲 등을 걷는 소리를 낼 때 쓰기 위해서다. 주변에 이사를 가는 사람이 있을 땐 버리는 물건은 꼭 달라고 한다. 정말 의도치 않은 물건에서 생각하지 못한 소리를 얻을 수 있기 때문이다. 일상에 존재하는 여러 가지 소리를 기억하려고 노력하는 건

국내 유일의 게임 폴리아티스트인 박준오 씨가
화면 속 칼이 날아가는 소리를 바이올린 활과
미장용 흙손을 문질러 재연하고 있다.

버릇이 됐다. 이것저것 만져보고 두드리기는 기본이다. 그는 대개 새 물건보다는 헌 물건, 젖은 물체보다는 수분이 없는 물체에서 좋은 소리가 나온다고 했다. 단골 고물상도 있다. 수시로 들러서 고물들 속에서 '소리가 날 만한' 물건을 찾아오기 때문이다. 하지만 최근 단골 고물상이 더는 영업을 않기로 해 새로운 고물상을 찾아야 한다. 박 씨는 원래 대학에서 컴퓨터공학을 전공했지만, '음향 엔지니어가 되고 싶다'는 마음에 학교를 옮겨 방송 영상 음향을 전공했다. 거기서 영화 후반작업을 담당하는 학회에서 활동을 하다가 '마음에 드는 사운드를 직접 녹음해 보자'는 생각에 시작한 게 어느새 14년째 폴리아티스트로 활동 중이다.

시작은 영화판이었다. 〈왕의 남자〉, 〈놈놈놈〉 등 50여 편의 각종 효과음을 만들었다. 그는 "초창기에 만들었던 사운드 중에 구토하는 장면에 넣은 소리가 있는데, 같이 작업한 작업자들이 '진짜 구토하는 것 같다'고 칭찬해 쾌감을 느꼈었다"라고 말했다. 힘들 때도 많았지만 '누적 관객 1억 명만 채워보자'는 목표로 버텼다. 1억 명을 채운 뒤인 2014년 마침 엔씨소프트에 자리가 났다. 영화와 게임 사운드는 원리는 같지만 추구하는 바는 조금 다르다. 영화는 가능한 사실의 소리에 가깝게 내는 게 목표라면, 게임은 강조하고 싶은 소리를 최대한 도드라지게 만들어 낸다.

폴리아티스트를 천직으로 여기지만, 역시 쉽지 않은 일이다. 우선 원하는 소리를 얻기가 만만치 않다. 100개의 소리를 만들었을 때 정작 사용할 수 있는 건 10개가 채 안 된다. 박 씨는 "이것저것 시도만 해보고 마음에 드는 사운드를 얻지 못할 땐 이루 말할 수 없이 힘들고 답답하다"라고 말했다. 실존하지 않는 드래곤이나 몬스터 등의 소리를 만드는 만큼 머릿속으로 어떤 소리를 만들어야 할지 끊임없이 고민해야 한다. 그는 "영상 속 사물에 어울리는 재질을 먼저 생각하고, 거기에 어울리는 물건들을 머릿속으로 조합해 어떤 소리가 날지 생각해 본다"라고 설명했다. 게임 속 해골 병사들의 소리를 내기 위해 재질이 비슷한 감자탕 뼈를 활용한 것도 이같은 이유에서다.

그래서 최근에는 자신들이 제작한 소리 중 특히 유용한 것들을 모아 데이터베이스를 구축하고 있다. 현재까지 8000여 가지의 소리를 모아뒀다. 그는 "사운드를 전반적으로 다루는 분들은 있지만, 폴리아티스트를 전문적으로 교육할 수 있는 기관이 없는 만큼 도제식으로 교육이 이뤄지고, 진입장벽은 여전히 높다"라며 "틀에 갇힌 생각보다는 다소 엉뚱한 생각과 행동들이 보다 나은 소리를 만드는 데 도움이 된다"라고 말했다.

판교(IT) X 상암(콘텐츠), 한국판 〈어벤져스〉의 탄생

'런닝맨 히어로즈' & '신비아파트 고스트헌터'

#.   내 이름은 반격의 저격수 '리우(메뚜기 캐릭터)'. 얼굴 전체를 가릴 법한 커다란 안경과 얼굴 한복판에 있는 동그란 코가 특징이지. 활동공간은 모바일게임이야. 여기서 최강 전사 '쿠가(호랑이)', 달변가 '롱키(기린)' 등 친구들과 함께 각 동물 종족의 명예를 걸고 싸우는 게 내가 속한 게임인 '런닝맨 히어로즈'의 큰 줄거리야.

난 원래 한 방송프로그램에서 유래했어. 프로그램 이름이 〈런닝맨〉이라고 하던가. 프로그램의 인기에 힘입어 애니메이션이 만들어졌고, 이 애니메이션 속 캐릭터를 바탕으로 2019년 2월 게임 '런닝맨 히어로즈'가 탄생한 거지. 'TV 예능프로그램→애니메이션→모바일게임' 순으로 진화했달까.

우릴 게임으로 만든 건 라인프렌즈와 넥슨이라는 IT 회사야. 사실 난 게임으로 출시되기 전부터 제법 인기가 많았어. 조상을 잘 둔 덕인가. 내가 세상에 나왔던 2019년 2월 말에는 구글 플레이 인기 게임 순위 1등도 차지했었다고. 그래서 그런지 사람들은 나를 두고 '트랜스미디어(Trans Media·미디어 간의 경계선을 넘어 서로 결합, 융합되는 현상)'라거나, 'OSMU(One Source Multi Use·한 가지 콘텐츠를 여러 매체를 통해 유통하는 것)'의 대표 사례라는 둥 칭찬이 끊이지 않더라고. 하지만 이봐. 내가 유별난 게 아니야. 요즘은 그게 대세라고. 근데 유재석과 안 닮았다는 지적은 좀 섭섭한걸.

'런닝맨 히어로즈'처럼 TV 프로그램이나 애니메이션 등에 소개된 스토리라인과 캐릭터 등 IP를 게임 등 다른 영역의 미디어에 활용하는 경우가 늘고 있다. 게임 회사로선 스토리라인과 캐릭터 개발 등에 들이는 비용을 줄이는 동시에, 시장에서 검증된 애니메이션의 인기에 올라타 '안전한 흥행'을 보장받을 수 있다.

2019년 6월 넷마블은 "일본 애니메이션 〈일곱 개의 대죄〉를 토대로 한 RPG(롤플레잉게임)인 '일곱 개의 대죄: 그랜드 크로스'를 출시했다. 원작이 된 애니메이션은 누적 발행부수 3000만 부를 돌파한 일본의 인기 만화를 바탕으로 한다. '요괴워치: 메달워즈'도 애니메이션을 바탕으로 한 게임이다. '요괴워치'는 2018년 도쿄 게임쇼에서 첫 공개됐다. 두 게임 모두 기존 애니메이션의 인기를 바탕으로 한 만큼 어느 정도의 수익은 챙겨올 수 있을 것으로 기대된다.

고정 팬층이 두터운 경우는 더 그렇다. 뽀로로에 이어 초등학생 사이에서 대통령으로 통할 '새로운 초통령'으로 자리 잡은 애니메이션 〈신비아파트〉는 2018년 '신비아파트 고스트헌터'라는 모바일 어드벤처게임(변화하는 상황에 맞춰 적절한 명령을 내리는 게임)으로 재탄생했다. 이 게임은 구글 플레이 앱스토어에서 누적 다운로드 260만 건 이상을 기록하며 증강현실게임의 새로운 대표 주자로 떠오르고 있다. 액션이나 아케이드게임(슈팅, 퍼즐 등과 같이 게임 진행이 단순하고 고도의 민첩성을 요구하는, 과거 오락실에서 주로 볼 수 있었던 게임)이 대세인 국내 모바일게임시장에서 어드벤처게임으로서는 최상위권의 인기다. '신비아파트 고스트헌터'는 전 세계 론칭을 계획하고 있다.

거꾸로 게임을 애니메이션으로 만드는 경우도 있다. 2019년 4월부터 국내 케이블 채널 등을 통해 방영 중인 〈레이튼 미스터리 탐정사무소-카트리에일의 수수께끼 파일〉이 대표적이다. 1700만 장 넘게 팔린 일본의 닌텐도용 어드벤처게임 '레이튼 교수'를 토대로 한다. CJ ENM과 일본의 후지TV 등 6개 회사가 함께 투자해 애니메이션화했다. 첫 방영 당시 4~6세 남아 타깃 시청률 8퍼센트, 점유율 19퍼센트를 기록(AGB 닐슨, 전국 기준)했다.

애니메이션과 게임 IP들이 장르를 넘나드는 크로스오버 방식은

'새로운 초통령'으로 등극한 애니메이션 〈신비아파트〉도
모바일 어드벤처게임으로 재탄생해 큰 인기를 끌고 있다.

피할 수 없는 대세로 자리 잡았다. '판교(IT 기업)와 상암(콘텐츠 기업)이 손을 잡았다'는 평가가 나올 정도다.

여러 이유가 있지만 애니메이션과 게임의 유저 타깃이 비슷하다는 것이 주요 이유다. CJ ENM 애니메이션 디지털사업 팀은 "애니메이션과 게임 모두 캐릭터를 중심으로 스토리가 있고, 세계관의 확장이 무한하다는 점에서 트랜스미디어가 용이하다"라고 말했다. 또 "게임을 애니메이션으로 만들면 스토리라인에 더 깊은 맛을 입힐 수 있어 이런 트렌드는 계속될 것"이라고 설명했다.

한국콘텐츠진흥원에 따르면 한국 캐릭터산업규모는 12조 7000억 원, 게임산업 규모는 13조 원(2018년 기준)에 이른다. IP를 영화와 게임, 애니메이션 등 다양한 플랫폼에 태우는 글로벌 최강자는 영화 〈어벤져스〉 시리즈를 만드는 마블 스튜디오와 이를 배급하는 월트 디즈니 컴퍼니다. 월트 디즈니는 2009년 말 마블 엔터테인먼트를 약 40억 달러(약 4조 7000억 원)에 인수했다. 당시엔 비싸다는 지적도 있었지만, 지금은 신의 한 수로 평가받는다. 성사되지는 않았으나 김정주 NXC 대표 역시 디즈니 측에 넥슨 인수를 제안한 바 있다.

정광호 서울대학교 교수(개방형혁신학회 부회장)는 "트랜스미디어든 크로스오버든 이종 산업 사이의 결합과 경쟁은 피할 수 없는 상황이 됐다"라며 "〈어벤져스〉처럼 경쟁력 있는 한국판 멀티 IP를 만들기 위한 각 콘텐츠 업체 간 합종연횡이 더 활발해질 것"이라고 말했다.

하나의 장르를 넘어
1조 원 시장으로

웹툰 & 웹소설

관객 수 1000만 명이 넘은 대작 영화 〈신과 함께〉를 비롯해 영화 〈은밀하게 위대하게〉, 〈내부자들〉, 드라마 〈미생〉의 공통점은 무엇일까. 모두 웹툰이 원작이라는 점이다. 책으로 보던 만화를 스마트폰에서 본다는 것 이상을 넘어서 웹툰은 그 자체로 하나의 장르로 자리매김했다. 초기에는 일부 마니아층이 소비하는 콘텐츠로 인식됐으나, 스마트폰이 점차 대중화되면서 다양한 독자층의 선택을 받고 있다. 이제는 전 세계적 열풍을 일으키고 있는 한류의 한 축을 담당하고 있는 콘텐츠이기도 하다.

수치상으로 보면 웹툰의 성장세는 엄청나다. 2018년 KT경제경영연구소에 따르면 2013년 1500억 원 선이던 국내 웹툰 관련 시장규모는 8805억 원으로 커졌다. 2020년에는 1조 원 시장을 바라보고 있다. 업계 1위인 '네이버 웹툰'의 경우 하루 평균 800만 명, 매월 2200만 명이 방문한다. '네이버 웹툰'의 신인 발굴 코너인 '도전만화'에는 총 14만 명의 예비작가들이 자신의 작품을 내놓고 있다. 대학교에는 웹툰학과가 따로 생길 정도다.

웹툰이 인기를 끌면서 높은 수입을 올리는 작가도 늘고 있다. '네이버 웹툰' 측에 따르면 2019년 '네이버 웹툰'에 작품을 연재한 작가 359여 명의 연평균 수익은 3억 1000만 원 선이었다. 고료와 콘텐츠 유료 판매, IP 관련 수입 등 '네이버 웹툰'에서 받은 돈만 이렇다. 여기에 기안 84처럼 작가 개인이 외부 활동을 하거나 CF 등에 출연할 경우 수입은 기하급수적으로 늘어난다. 웹툰이 드라마나 영화로도 제작되기도 한다. 하지만 이는 아직 일부 스타 작가의 이야기다.

실제 한국콘텐츠진흥원이 2018년 공개한 〈만화·웹툰 작가 실태 기초조사 보고서〉에 따르면 조사 대상 작가 761명 중 절반(46퍼센트)에 가까운 이들의 연간 수입이 2000만 원에도 미치지 못했다. 한 달 수입이 166만 원에 그치는 셈이다.

해외로도 판로가 열리고 있다는 점은 긍정적이다. '네이버 웹툰'은 2014년부터 '라인 웹툰'을 통해 글로벌 서비스를 하고 있다. 현재 영어와 일본어, 중국어와 태국어, 인도네시아어 등으로 이용할 수 있다. '네이버 웹툰'뿐 아니라 카카오도 만화 플랫폼인 '픽 코마'를 통해 2016년 4월부터 일본 시장에 진출했다. '픽 코마'는 월평균 380만 명의 이용자가 방문한다. 참고로 네이버 계열의 '라인망 가'와 카카오 재팬의 '픽 코마'가 일본 웹툰 시장의 1, 2위를 차지하고 있다.

웹툰과 함께 '스낵 컬처(Snack Culture·언제 어디서나 편하게 즐길 수 있는 자투리 문화)'의 대명사로 여겨졌던 웹소설 시장이 빠르게 성장하고 있다. 2018년 국내 웹소설 시장규모는 4300억 원대를 돌파했다. 2014년에는 200억 원 규모에 불과했다. 5년 만에 20배 넘게 시장이 커진 셈이다. 2018년 11월 연재를 시작한 웹소설 《재혼황후》는 변심한 황제의 곁을 떠나 자신의 삶을 열어가는 황후 '나비에'의 이야기를 다룬다. 정실부인임에도 남편과 정부의 불륜에 밀린 황후의 입장에서 서술돼 신선하다는 호평을 받고 있다. 덕분에 2019년 12월 기준 누적 다운로드 수는 5013만 회, 미리보기 등을 통한 누적 매출은 28억 원에 이른다.

시장의 성장은 웹소설 작가라는 직업군의 성장으로 이어졌다. 일단 웹소설 작가에 대한 시장의 대우가 달라졌다. 한 예로 '네이버 웹소설'의 정식 연재 작가 중 2019년 1억 원 이상을 번 이는 124명에 달했다. 최고 수입을 올린 작가는 미리보기 수익 28억 원을 가져갔다. '네이버 웹소설'에선 현재 400여 명의 작가가 활동 중이다. 참고

2018년 11월 연재를 시작한 웹소설 《재혼황후》는
미리보기 수익만 28억 원에 이른다.

로 한국문인협회 등 국내 3대 문인 단체 소속 문인의 연간 수입은 1840만 원(2017년 기준)이다.

웹소설 작가가 되는 경로는 다양하지만 대표적인 등단 과정 중 하나는 공모전 통과다. 과거 종이책 소설가들이 신춘문예를 통해 등 단하고 이후 소설을 출간해 인기를 얻는 등 전형적인 길을 걸었던 것과는 다른 방식이다. 2019년 '네이버 웹소설'이 신진 작가 선발을 위해 진행한 '지상최대 공모전'에는 1만여 점의 웹소설이 몰렸다.

'네이버 웹툰'의 박제연 웹소설 리더는 "웹소설 작가는 나이도 직 업도 매우 다양해 평균적인 작가상(像)을 꼽긴 어렵다"라며 "대신 장편 연재를 기본으로 하는 만큼 체력은 기본이고, 작품에 달린 댓 글에 지나치게 얽매이지 않을 탄탄한 마음 상태는 필수"라고 소개 했다.

어떤 웹소설이 많이 읽힐까. '네이버 웹툰'이 2019년 8월 기준 연 재 중인 107편의 웹소설 장르를 분석한 결과 연재소설 중 56편(52 퍼센트)이 로맨스 장르, 29편(27퍼센트)이 로맨스판타지였다. 이는 또 다른 웹소설 플랫폼 '카카오페이지'도 비슷하다. 연재 중인 3628 편의 작품 중 1234편(34퍼센트)이 판타지 장르, 1019편(28퍼센트)이 로맨스 장르다. 이는 지나치게 무거운 내용보단 가볍게 읽고 즐길 거리를 바라는 웹소설 독자들의 성향이 반영된 것으로 풀이된다.

전형적인 작가상을 꼽기는 어렵지만, 인기 웹소설에는 어느 정도

(단위: 편, 2019년 8월 기준)

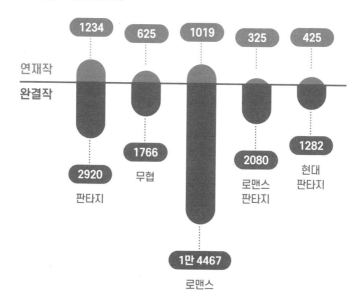

공통점이 있다. 김미정 '카카오페이지' 이사는 "작품 초반부터 독자의 이목을 끌 수 있는 신선한 소재나 장치가 있고, 계속해서 후속 화를 보게 하는 기대감을 주는 작품이 잘 읽힌다"라며 "게임 판타지 장르라면 독자에게 대리만족을 주는 화끈한 보상 소재가 등장하는 작품이 인기가 많다"라고 전했다.

'네이버 웹툰'의 박제연 리더는 "온통 전형적이기만 하거나, 고정

관념으로만 만들어진 작품은 외면받는다"라며 "문체가 됐든 캐릭터가 됐든 개성이 뚜렷한 게 좋고, 모바일에서 주로 읽힌다는 걸 고려하면 문장의 흡인력이 중요하다"라고 덧붙였다. 실제 인기 웹소설인 《오뉘탑: 퇴마 사건일지》는 서울 북한산 기슭의 오래된 목욕탕을 배경으로 한 퇴마 사건이란 배경의 참신성에, 독자들에게 익숙한 과거 귀신 이야기 등을 잘 풀어내 인기를 얻고 있다.

웹소설이 인기를 끄는 건 해외도 마찬가지다. 2006년 서비스를 시작한 영미권 최대 소설 플랫폼인 '왓패드'는 6500만여 명의 이용자를 거느리고 있다. SNS 메신저처럼 대화 형식으로 소설이 전개되는 단편소설 중심의 플랫폼인 '후크드'는 구글 플레이 스토어에서만 1000만 건 이상의 다운로드를 기록 중이다.

정광호 서울대학교 교수(개방형혁신학회 부회장)는 "미국에서도 '후크드' 등에서 서비스되는 콘텐츠가 과연 소설이고 문학인지에 대한 논쟁이 끊이지 않았지만, 결국 어떤 식으로든 새로운 플랫폼을 통해 콘텐츠가 소비되고 있다는 점에는 이견이 없다"라며 "스마트폰 등 디바이스의 발달이 웹소설 등 콘텐츠의 진화를 이끄는 양상"이라고 말했다. 실제 〈워싱턴포스트〉는 "'후크드' 덕분에 적어도 180만 명 이상의 10대가 책을 즐기게 됐다"라고 순기능을 강조한 바 있다. 당분간 웹소설 시장이 계속 성장하고, 관련 창작자가 늘어날 것이란 점에는 이견이 드물다. 웹소설을 드라마나 영화로 만드는 일도 꾸준히 진행 중이다. 2019년 방영된 법정 미스터리 드라마 〈저스티스〉 역시 웹소설이 원작이다.

최근엔 웹소설을 웹툰으로 옮기는 경우도 활발하다. 이미 상품성이 검증됐기 때문에 보다 다양한 독자를 공략하는 동시에, 한국어가 서툰 해외 이용자에게도 더 친근하게 다가설 수 있어서다. 웹소설로 출발한《김 비서가 왜 그럴까》역시 웹툰은 물론 드라마로도 만들어진 바 있다. 이와 관련 '네이버 웹툰'에는 2019년 기준 17편의 웹소설이 웹툰으로 연재 중이며, 26편이 웹툰으로 제작 중이다.

게임 속 우주를 만드는
게임시나리오작가

넥슨 크리에이티브 디렉터 김호식

#. "하하하! 제법이로구나 막내야!" 이곳은 무림. 주인공의 사형인 '무성'이 내뱉는 말이다. 평화롭게 수련에 매진해오던 '홍문파'에 어둠의 그림자가 드리웠다. 힘을 얻기 위해 악행을 일삼는 무리 와 사형의 배신으로 홍문파는 와해했다. 친형처럼 따랐던 사형 은 이후 주인공의 가장 큰 적이 된다.

엔씨소프트의 무협 MMORPG '블레이드앤소울'의 스토리라인 이다. 영화나 드라마처럼 게임에도 사랑과 배신, 시기와 질투 등이 넘쳐난다. 많게는 수십만 명이 동시에 접속하는 MMORPG의 스토 리라인은 웬만한 영화 못지않다. 탄탄한 완성도 덕에 게임 유저들은

김호식 넥슨 크리에이티브 디렉터는
게임 시나리오 관련 아이디어가 떠오를 때마다
자신의 다이어리에 이를 기록해 둔다.

게임 속 대사를 현실에서도 즐겨 쓴다.

게임 속 우주를 만드는 이가 바로 게임시나리오작가다. 영화처럼 게임에도 시나리오가 있다. 일반인에게는 친숙하지 않지만, 넥슨의 김호식 크리에이티브 디렉터는 국내 게임시나리오 대표 작가 중 한 사람이다. 일본 애니메이션의 대가인 미야자키 하야오에 매료돼 애니메이션 관련 분야에서 사회생활을 시작했고, 결국엔 게임시나리오작가가 됐다.

넥슨은 물론 엔씨소프트와 웹젠 등 국내 주요 게임 회사를 두루 거쳤다. 덕분에 '블레이드앤소울(엔씨소프트)', '제라(넥슨)', '헉슬리(웹젠)' 등 국내 주요 게임시나리오 작업에 참여했다. 최근엔 넥슨의 1인칭 슈팅 게임인 '카운터-스트라이크 온라인' 제작에 관여했다. 그가 참여한 게임들에 들인 각종 개발비용을 합치면 1000억 원을 훌쩍 넘어선다. 그가 자신에 대해 "나름대로 1000억 원대 시나리오작가"라고 말하는 이유다. 판교의 넥슨코리아 본사에서 김 디렉터는 자세한 이야기를 들려줬다.

"영화 시나리오작가와는 닮은 듯 다르다. 가장 큰 차이점은 영화가 시나리오에 따라 만들어진다면 게임은 큰 이야기의 얼개나 캐릭터가 만들어진 뒤 시나리오작가가 투입된다. 영화는 시나리오가 작품에 선행하고, 게임은 시나리오가 게임 개발의 뒤를 따른다."

김 디렉터가 꼽은 영화 시나리오와 게임시나리오 간 가장 큰 차이다. 그 대신 게임시나리오작가에게는 더 많은 디테일이 요구된다. 게임 캐릭터가 왜 변신하는지, 등장한 아이템의 명칭이 무엇인지까지도 게임시나리오작가가 정한다. 그는 이를 두고 "게임시나리오작가는 구슬을 꿰는 사람"이라고 비유했다. 게임 장르에 따라 다르지만, 해외에서는 A4 용지로 3000매 분량의 시나리오까지 있다고 한다. 그만큼 디테일이 강조된다.

이야기 전개 방식도 다르다. 영화 시나리오가 시간을 따라 진행되는 선(線)형 작업이라면, 게임시나리오는 같은 순간이라도 여러 가지 스토리를 만들어야 하는 다면적인 작업이다. 게이머의 플레이 방식에 따라 끊임없이 스토리 전개 양상이 달라질 수 있어서다. 그는 "왼쪽으로 가면 적군이, 오른쪽으로 가면 아군이 나오는 등 그때그때 이야기가 달라져야 한다"라고 설명했다. 게임업계 용어로는 '패치(개선작업)'마다 다르다. 그는 "영화 관람객은 수동적이지만, 게임 유저는 능동적"이라고도 했다.

'우주를 만든다'는 사명감에 일하지만 게임시나리오작가는 외로운 직업이다. 우선 수가 적다. 대작 게임 하나에 200명 정도의 개발자가 투입된다면, 이 중 게임시나리오작가는 한두 명이다. 게다가 다른 개발 팀원들과 일하는 방식이 정반대다. 게임 캐릭터와 큰 얼개가 나온 다음 그에 대한 콘텐츠를 채워넣는 작업을 하다 보니 남들이 바쁠 땐 한가하고, 게임시나리오작가가 바쁠 땐 다른 개발자들이 한가하다.

글솜씨가 좋다고 반드시 성공한 게임시나리오작가가 될 수 있는 것도 아니다. 실제 몇 해 전 유명 판타지소설 작가와 손을 잡고 내놓은 대작 게임의 흥행 성적은 기대에 한참 못 미쳤다. 글솜씨 못지않게 게임 개발과 관련한 다양한 기술, 전개 방식 등을 충분히 숙지하고 있어야 해서다.

김 디렉터가 게임시나리오작가를 꿈꾸는 이들에게 주는 조언은 뭘까. 김 디렉터는 "우선 게임 개발에 대한 기본적인 이해를 갖춰야 한다"라고 말한다. 게임이라는 매체가 어떻게 동작하는지 이해하고 있어야 제대로 된 게임시나리오도 쓸 수 있단 의미에서. 그는 "그림을 잘 그린다고 좋은 만화가가 아닌 것과 같은 이치"라고 설명했다.

스토리 관련 아이디어는 일상생활에서 주로 얻는다. 관련 장르에 대한 자료조사는 기본. 여기에 한 해 100편 이상의 영화를 보며 아이디어를 쌓아둔다. 게임 트렌드가 비교적 스토리라인이 긴 MMORPG에서 상대적으로 간단한 모바일게임으로 이동하고 있는 것도 게임시나리오작가에게는 기회이자 도전이다. 그는 "스토리를 전달한다는 측면에서 게임 역시 분명 '트랜스미디어' 중 하나"라며 "스토리가 좋은 게임을 만들어서 국내 게임 IP의 위상을 높이고 싶다"라고 말했다.

3부

그들이
일하는
방식

이제부터 저를
택진 님이라고 불러주세요

수평적 조직문화

스타트업 기업문화의 가장 큰 특징을 들자면 수평성이다. 위계질서에 잡힌 수직적인 문화는 직원들의 활발한 의견 개진을 어렵게 해 기업의 성장을 방해하는 요소로 꼽힌다. 일반 기업에서도 수평적인 조직문화를 위해 직급 체계를 간소화하거나 호칭을 개선하는 등의 시도를 한다. 정광호 서울대학교 교수(개방형혁신학회 부회장)에 따르면 "수평적 조직문화는 새로운 것에 대한 개방성, 수용성, 관용성을 높여준다"라며 "한국처럼 위계질서가 강한 문화에선 수평적인 조직문화에 기반한 창의성이 발현되기 힘든 경우가 많은데 그런 점에서 판교 밸리 기업들의 노력은 긍정적"이다.

2018년 11월 엔씨소프트 판교 사옥 내 간이 술집 '뭐든 물어 bar'

의 일일 바텐더는 김택진 엔씨소프트 대표였다. 김 대표는 직원들에게 수제 맥주 등을 따라주면서 평소 사무실에서 말하기 힘들었던 고충들을 상담해 줬다. 개발자로서 자신의 경험과 생각들을 가감없이 전달한 것은 물론이다. '뭐든 물어bar'는 엔씨소프트의 사내 개발자 콘퍼런스 'NCDP 2018'의 일부였다. 이틀 동안 열린 'NCDP'에서 김 대표는 직원들과 격의 없이 생각을 나눴고, 조언을 건넸다. 직원들의 셀카 촬영 요청에도 흔쾌히 응했다. 직원들은 "고용주가 아니라 개발자 선배이자 형, 오빠 같았다"라며 반겼다.

김 대표의 수평적 소통 행보는 이뿐이 아니다. 그는 분기마다 열리는 'I&M 리포트' 행사에서 사내 방송의 진행자로 변신한다. I&M은 엔씨소프트의 살림살이와 주요 현안 등을 설명하는 자리다. 2014년 5월 시작된 이 행사는 초기엔 실장급 이상 직책자들을 대상으로 진행하다가 2016년 10월부터 전 임직원을 대상으로 확대했다. '직원들 모두에게 회사에 대한 팩트를 정확히 알려야 한다'는 김 대표의 생각에 따른 것이다. 인터넷으로 생중계되는 이 행사를 보면서 직원들은 익명 채팅으로 실시간 질문을 던질 수 있다. 김 대표는 직원들의 질문에 자신이 생각하는 바를 솔직히 구두로 답한다. 익명인 만큼 질문 내용엔 제한이 없다. 2017년엔 한 직원의 익명 건의로 전 직원들에게 닌텐도 게임기와 게임팩 등을 선물한 적도 있다. 당시 닌텐도 게임기 구입 등에 15억 원가량이 들었다.

사내 개발자 콘퍼런스에서 일일 주점 바텐더로 변신한
김택진(사진 가운데) 엔씨소프트 대표가 직원들의 이야기를 듣고 있다.

한성숙 네이버 대표는 2017년 3월 취임 직후 집무실 위치를 바꿨다. 맨 꼭대기 바로 아래층인 26층에 있던 사장실을 15층으로 옮겼다. 27층짜리 본사 건물에서 저층부 엘리베이터(8대)와 고층부 엘리베이터(6대)가 모두 운행하는 곳은 15, 16층뿐이다. 고층부에 있는 직원이든 저층부에 있는 직원이든 더 편하게 자신에게 올 수 있도록 한 조치다. 과거엔 저층부에 있는 직원이 대표를 만나려면 15, 16층에서 엘리베이터를 갈아타야 했다.

한 대표는 또 취임 이후 수시로 직원들과 직접 만난다. 회의 자리에 젊은 직원이 참석하는 경우도 잦다. 직급이 아니라 회의 주제에 맞춰 참석자를 정하기 때문이다. 다른 기업에서 당연시하는 의전 관련 업무도 확 줄였다. 외부 행사에서 스피치를 해야 할 때는 자신이 직접 원고를 작성한다. 대부분의 기업엔 스피치 라이팅을 전담하는 직원이 따로 있다. 수행 비서는 아예 없다. 3명으로 구성된 사장 지원 팀은 비서나 의전 업무보다는 자료조사와 다른 직원과의 회의 일정 잡기 등을 주요 업무로 한다. 대표보다 먼저 나오는 것을 당연스레 생각하는 대기업과는 달리, 한 대표는 오전 9시면 출근하지만 지원 팀 직원들은 각자의 스케줄에 맞춰 자유롭게 출근한다.

창업자이자 CEO의 근무 성적을 직원들이 평가하는 회사도 있다. 인테리어 플랫폼 앱인 '오늘의 집'을 운영하는 버킷플레이스가 그렇다. 버킷플레이스의 이승재 대표는 다른 직원들과 마찬가지로 6명의 직원들로부터 고과평가를 받았다. 평가 항목은 고객에 대한 집착, 자율과 책임 등 회사 핵심 가치에 얼마나 부합했는지를 토대로 잘한 점과 개선해야 할 점 등을 직원들이 느낀 대로 쓰는 것이었다.

이 대표의 평가자는 그와 업무 관련성이 높은 직원들로 구성됐다. 다른 직원들의 평가자도 동일한 방식으로 짜인다. 평가는 최대한 구체적이고 객관적인 서술형 기술로 받았다. 이 대표는 평가 결과만 통지받을 뿐 누가 자신을 평가했는지는 알지 못한다. 김윤선 버킷플레이스 브랜드매니저는 "직원들이 CEO와 관련해 평소 느끼는 아쉬운 점들을 지적하고 편안하게 개선을 요구하는 계기가 돼 반응이 좋았다"라고 말했다.

직급 파괴를 구현하는 기업도 다수다. 카카오는 직급 대신 영어 이름으로 부르고 있다. 엔씨소프트는 2017년부터 서로를 직급 대신 '○○ 님'이라고 부른다. 김택진 대표 본인이 "이제부터 저를 택진 님이라고 불러주세요"라고 말한 건 사내에서 유명한 일화다. 김정주 넥슨 대표는 수년 전 회사에 들어오다 경비 직원에게 붙들린 적도 있다. 소탈한 차림으로 다니다 보니 경비 직원이 그를 알아보지 못해서다. 그는 경비 직원이 누구냐고 묻자 "저 넥슨 직원입니다"라고 답하고 사무실로 올라갔다고 한다. 수평적이고 편안한 분위기에서 다양한 아이디어가 활발하게 나올 것이란 판교 밸리의 믿음이 지속되는 한, 이런 해프닝도 계속될 것으로 보인다.

시간이 아닌 '성과'와 '책임'을 기본 철학으로

놀금 제도와 선택적근로시간제

카카오게임즈 직원들은 월요일 아침에도 늦잠을 잘 수 있다. 공식 출근 시간이 오전 10시 30분이어서다. 화요일~금요일 출근 시간은 오전 10시까지다. 퇴근 시간은 오후 7시, 금요일엔 '오후 5시 30분 퇴근'을 원칙으로 한다. 2018년 7월부터는 '놀금' 제도를 도입했다. 매달 마지막 주 금요일은 아예 회사 전체가 쉰다. '저녁과 여유가 있는 문화'가 필요하다는 대표의 생각에 따른 것이다. 50개가 넘는 카카오 관계사 중에서도 놀금 제도를 운용하는 회사는 카카오게임즈가 유일하다. 점심시간도 여유롭다. 기존 낮 12시 30분부터 1시간 동안인 점심시간을 30분 더 연장해 이 시간 동안 직원들이 여유를 갖거나 취미, 운동 등을 즐길 수 있도록 했다. 카카오게임즈 관계자

금요일 근무시간
오전 10시 ~ 오후 5시 30분

점심시간
12시 30분~
1시간 30분

매달 마지막
금요일
전체 휴무

오전 10
근무
시간

오전 7

12

9

3

6

월요일 근무시간
오전 10시 30분 ~ 오후 7시

는 "월요일 출근 시간을 늦추고 놀금 제도를 도입한 덕에 직원들의
업무 만족도가 매우 높다"라며 "대신 일하는 시간 동안은 밀도 있게
확실히 하자는 분위기가 생겼다"라고 전했다.

판교 밸리엔 '월요병'이 없다. 상당수의 판교 밸리 기업들이 카카
오게임즈처럼 월요일 출근 시간을 늦춘 덕이다. 러시아워에 괜히 체
력을 소모하는 것보다는 여유 있게 출근하는 편이 더 생산적이란 판

단에서다. 판교 밸리 자체가 서울과 거리가 있어 상대적으로 출퇴근이 힘들다는 현실적인 이유도 있다. 여기에 밤샘 작업 등이 많은 개발자가 오전 출근을 힘들어한다는 점도 고려됐다.

네이버는 조금 더 과격하다. 2018년 7월부터 선택적근로시간제를 도입했다. 선택적근로시간제는 '시간' 자체보다는 '성과'와 '책임'을 기본 철학으로 한다. 그래서 자신의 업무만 확실히 처리한다면 아예 출근이나 퇴근 시간에 구애받지 않아도 된다. '1일 1 출근' 원칙만 지키면 된다. 최소 근무시간이나 모든 직원이 다 지켜야 하는 집중 근무시간(코어타임)도 없다. 다만 현행법상 퇴직금 지급을 위해 주 평균 최소 15시간 이상은 근무해야 한다. 김진규 네이버 부장은 "점심 먹으러 나오다 그 시간에 출근하는 직원들을 보면서 흠칫 놀랄 때도 있다"라고 말했다. 개인 연차를 사용할 때에도 본인 전결로 처리하면 된다. 부서장에게는 연차휴가를 쓴다는 사실이 통보될 뿐이다.

판교에 위치한 포스코ICT는 대기업 계열임에도 상대적으로 유연한 근무 환경을 자랑한다. 이 회사 이현옥 차장은 오전 10시까지 출근한다. 유연근무제를 통해 출근 시간을 1시간 늦춘 덕이다. 아침 시간에는 초등학생 두 아들의 등교를 돕는다. 퇴근은 오후 7시다. 출근 시간을 늦춘 덕에 교통혼잡도 피할 수 있어 경기도 용인시 집에서 판교 회사까지 30~40분이면 도착한다. 아이들이 방학일 때에는 오전 9시까지 출근한다. 이 차장은 "회사에서 배려해 준 덕에 출근 시간을 조정할 수 있었다"라며 "아이들 아침밥을 챙겨 먹이고, 등교 준비를 돕는 것도 한결 여유로워졌다"라고 말했다.

포스코ICT의 경우 2018년에 유연근무제를 도입하면서 자기 계발에 나서는 직원이 늘고 있다. 대전에 있는 카이스트 기술경영전문대학원 석사 과정 입학을 앞둔 김수상 차장이 대표적이다. 그는 평소 딥러닝 분야에 관심을 갖고 사내 AI 전문가들과 딥러닝 관련 스터디 모임도 했지만, 지식의 한계를 느끼던 터였다. 그는 다음 학기부터 주 3일 평일 저녁 시간을 활용해 판교와 대전을 오가며 학업을 이어갈 계획이다. 김 차장은 "입학 면접 때 교수님께서 '평일 수업을 며칠이나 들을 수 있겠냐'고 물어보셔서 선택적근로시간제를 활용해 주 3회 정도는 가능하다고 말씀드렸더니 꽤 놀라셨다"라며 "회사의 유연한 근무 제도와 문화 덕에 카이스트대학원에 진학하는 꿈을 이루게 됐다"라고 말했다.

배달 대행 서비스를 제공하는 스타트업인 바로고는 2019년 초부터 '주 4.5일 근무제'를 도입했다. 이 회사 직원들은 월요일 오전을 아예 쉰다. 월요일 출근 시간은 오후 1시다. 이 회사 이태권 대표는 "의자에 앉아있다고 해서 좋은 성과가 나오는 것은 아니다"라고 입버릇처럼 말해왔다. 덕분에 직원들은 월요일 오전 시간을 출근 스트레스에 시달리기보다 개인 업무를 보는 데 활용하는 경우가 많다.

한 예로 이 회사 김가현 전략기획본부 매니저는 월요일 오전마다 헬스클럽 트레이너에게서 개인교습을 받는다. 그는 평일 저녁이나 주말에는 사람들로 붐비는 탓에 개인교습 일정을 잡기가 만만치 않았는데, 월요일 오전을 활용할 수 있어 좋다고 말한다. 이렇게 월요일 오전에 학원에 다니는 직원들도 제법 많다.

정광호 서울대학교 교수(개방형혁신학회 부회장)는 "변화 속도가 빠른 ICT 산업의 경우 전통적인 의미의 근태보다는 실질적인 업무성과가 더 중요하게 여겨진다. 자유가 주어지는 대신 성과 평가는 더 엄정하게 이뤄질 것"이라며 "'9 to 5'로 대변되는 전통적인 근무 형태를 적용하지 않는 기업은 점점 더 늘어날 것"이라고 내다봤다.

미국엔 구글 버스,
판교엔 판교 밸리 버스가 있다

판교 밸리 셔틀버스

카카오 개발자인 최승안 씨의 발은 회사 통근 버스다. 서울 강서구 염창동에 사는 그는 4년째 매일 아침 2호선 당산역에서 출발하는 회사 통근 버스를 탄다. 전철로는 80분 이상 걸리지만, 경부고속도로 버스전용차로로 다니는 통근 버스로는 40분이면 충분하다. 버스 안에선 음악을 듣거나 부족한 잠을 잔다. 그는 "환승 걱정 없이 편하게 앉아 올 수 있어서 만족스럽다"라며 "통근 버스가 없었으면 어떻게 출퇴근했을까 싶다"라고 말했다.

 미국 실리콘밸리에 '구글 버스'가 있다면, 판교에는 판교 밸리 셔틀버스가 있다. 구글 버스는 구글뿐 아니라 애플과 페이스북 등 실리콘밸리 소재 IT 기업의 출퇴근 버스 전체를 가리키는 보통명사처럼 쓰인다. 판교 밸리 셔틀버스는 서울 도심보다 열악한 교통 여건을 만회하려는 노력의 일부다. 직원들이 출퇴근에 들이는 에너지를 최소화하자는 목적도 있다.

판교 밸리의 교통 상황은 서울 도심 한복판에 버금갈 정도다. 오후 6시가 넘으면 길이 꽉 막혀 귀가 전쟁이 벌어진다. 아직 판교 밸리의 교통 인프라가 충분치 않아서다. 한 예로 판교 밸리의 중심이랄 수 있는 '판교역-엔씨소프트-안랩-SK케미칼' 라인에서 서울 도심으로 향하는 버스는 사실상 9007번 직행 좌석버스가 유일하다. 판교 밸리 곳곳에 흩어져 있는 기업에서 판교역까지 가려면 일단 마을버스 등을 타야 한다. 이런 상황에서 판교 밸리 셔틀버스는 사실상 유일한 출퇴근 대안이다.

판교 밸리 기업이 운행하는 셔틀버스는 크게 세 가지다. 가장 대표적인 게 직원 집 근처에서 회사 앞까지 운행하는 통근 버스다. 말 그대로 회사까지 한 방에 도착한다는 게 가장 큰 장점이다. 통근 버스 운영에는 카카오가 가장 적극적이다. 현재 서울권역 3개 노선(서부·중부·동부), 수도권역 6개 노선(안양·동탄수원·의정부 등) 등 총 9개 노선에 17대의 통근 버스(45인승)를 투입했다. 회당 승차요금은 2500원. 하이테크 기업답게 '카카오 통근 버스' 앱으로 결제 QR코드를 내려받은 뒤 요금을 내면 된다.

통근 버스를 놓쳤을 경우, 거의 유일한 대안은 지하철 신분당선이다. 그래서 출퇴근 시간이면 신분당선 판교역에서 지상으로 올라오는 에스컬레이터와 역 주변 버스 정류장은 서울 광화문이나 강남역 부근을 연상케 할 정도로 붐빈다. 하지만 이들을 회사까지 실어 나를 마을버스는 충분치 않다. 운행 노선도 제한적이다. 그래서 판교 밸리 기업들은 판교역에서 각 회사까지 향하는 판교 셔틀도 운영한다. 통근 버스가 광역버스라면 판교 셔틀은 마을버스다. 대기업 계열인 SK C&C, 카카오, 넥슨코리아 등이 판교 셔틀을 운영하는 기업이다.

넥슨코리아는 선택적근로시간제를 도입한 뒤 직원 개개인의 출퇴근 시간이 다양해졌다는 점을 감안, 셔틀 운행 시간을 오전 7~11시, 오후 4~11시로 확대했다. '업무용 셔틀버스'도 판교를 오간다. 엔씨소프트는 평일 오전 8시 30분부터 오후 5시 30분까지 15분 간격으로 본사인 '판교 R&D 센터'를 비롯해 판교 밸리 내 총 4곳의 근무지를 잇는 순환셔틀버스를 운행 중이다. 카카오는 점심시간 등에 서울을 찾는 직원들을 위해 광화문과 판교를 잇는 외근용 셔틀을 운행한다. 외근용 셔틀은 통근 버스와 달리 무료다.

기업들이 자체 운영하는 다양한 셔틀버스에 대한 직원들의 반응은 긍정적이다. 아직까진 지역사회와 이렇다 할 갈등도 없다. 판교 자체의 교통인프라가 완벽하지 않은 데다, 판교 기업에 호의적인 정서 등이 반영된 덕이다. 하지만 미국 실리콘밸리에선 2013년 말부터

3년 가까이 하이테크 기업 셔틀버스에 대한 반대 시위가 벌어지기도 했다. 이들 셔틀버스가 현지 주민과 기업 직원 간 위화감을 조성하고, 도로나 정류장 같은 공공 인프라를 아무런 대가 없이 사용한다는 게 시위의 골자였다. 구글이나 애플 등이 빠르게 성장하면서 집값 등이 지나치게 올라 현지인들이 다른 곳으로 밀려나는 '젠트리피케이션(Gentrification)' 심화에 대한 반감이 바탕에 깔렸다. '짙은 선팅을 한 미끈한 대형 버스들은 자본주의를 상징한다'는 비난도 받았다.

샌프란시스코시 당국에 따르면 당시 6500여 명의 IT 기업 종사자들이 자사의 셔틀버스로 출퇴근하는 것으로 추산됐었다. 이로 인해 교통난이 심해지면서 일반 주민들은 장을 보러 가거나 자녀들을 등하원시키는 데 불편을 겪어야만 했다. 셔틀버스가 공공 버스 정류장을 이용하는 게 부당하다는 지적이 나오기 시작했다. 결국 구글 등은 샌프란시스코시 당국과 이용하는 정류장 1곳당 일정 금액을 내기로 합의하면서 시위가 잦아들었다.

정광호 서울대학교 교수(개방형혁신학회 부회장)는 "실리콘밸리 현지에선 구글 같은 하이테크 기업들로 인해 지역 내 물가와 주거비가 지나치게 올라간다는 불만이 쌓이고 있었던 게 갈등의 바탕이 됐다"라며 "판교 밸리 입주 기업들 역시 직원들에게 이동 편의를 제공하는 수준을 넘어, 지역사회에 적극적으로 기여하는 모습을 보여줄 필요가 있다"라고 조언했다.

2013년 미국 샌프란시스코 내에서
하이테크 기업 셔틀버스 반대 시위가 한창이던
당시의 구글 버스.

가장 열심히 일할 때는
동료에게 자극받을 때다

2N 출신 IT 대표의 공통점

"2000년 2월 중순 강남역 인근의 한 술집. 김정호 베어베터 대표(당시 네이버컴 이사)와 이해진 네이버 GIO(당시 네이버컴 대표)가 함께 술잔을 기울이며 대화하고 있었다. 김 대표는 이 GIO에게 한게임과의 합병을 적극적으로 권했다. 김범수 카카오 의장(당시 한게임 대표)이 도착했을 땐 얘기가 한창 무르익고 있었다. 한국 벤처 역사상 최고의 합병이 탄생하는 순간이었다."

초창기 NHN의 성장과정을 다룬 책《네이버, 성공신화의 비밀》에 나오는 한 대목이다. 고만고만한 스타트업 중 하나였던 네이버와 한게임은 이 합병을 기점으로 '인터넷 검색'과 '게임'이라는 양날개를 달고 IT 공룡 NHN으로 진화했다. 2013년 다시 갈라서긴 했지만, 이 합병의 영향력은 20년이 지난 지금 시점에도 여전히 유효하다. NHN에서 게임과 인터넷 검색 비즈니스를 두루 경험해본 이들이 판교 밸리를 중심으로 한 IT 기업 CEO로 활발하게 활동 중이어서다. 주요 보직을 맡았던 NHN 출신 IT 기업 CEO만 20여 명이 넘는다. 짧게라도 거쳐간 이들까지 합치면 그 수는 기하급수적으로 늘어난다.

카카오에는 NHN 출신 대표들이 유난히 많다. 여민수·조수용 공동대표부터 그렇다. 여 대표는 NHN e비즈 본부장을 지냈으며 조 대표는 NHN 마케팅·디자인 총괄 부문장이었다. 문태식 카카오VX 대표, 남궁훈 카카오게임즈 대표, 권승조 카카오IX 대표, 정신아 카카오벤처스 대표 모두 NHN에서 잔뼈가 굵은 이들이다.

게임 회사를 차린 이들도 많다. 지금은 더불어민주당 국회의원이 된 김병관 웹젠 전 대표, 모바일게임 명가인 넵튠의 정욱 대표, 김태영 웹젠 대표, 유충길 핀콘 대표, 이길형 조이맥스 대표 등이 있다. 유독 NHN 출신 CEO가 IT 기업에 많은 이유는 무엇일까. 이에 대해 빠르게 성장하는 회사에서 일한 경험을 핵심으로 꼽는 이들이 많다. 2005년 NHN에 합류해 2010~2011년 한게임 부문 대표를 지낸 정욱 넵튠 대표의 설명이다.

"당시엔 정말 빠른 속도로 회사가 성장했다. 팀원이 처음엔 10명이었는데 1년도 안 돼 50명이 되고 100명이 되더라. 맡은 사업 규

모도 100억 원 하던 게 금세 500억 원, 1000억 원으로 커졌다. 일하는 사람이 재미가 없을 수 없는 상황이었다. 지금에야 우스갯소리로 '우리가 착각했다'고들 하지만 당시엔 회사가 자기 것이라도 되는 양 일했다. 그러는 사이 다른 대기업에선 쉽사리 할 수 없는 다양한 경험을 압축적으로 쌓아가며 개인도 성장했다고 생각한다."

카카오와 게임사에 NHN 출신 CEO가 많은 데에는 김범수 카카오 의장의 존재도 빼놓을 수 없다. 한게임 창업자인 김 의장은 한번 같이 일한 동료, 후배는 끝까지 챙기기로 잘 알려져 있다. 김 의장은 2007년 NHN을 떠나면서 "성공한 선배 기업가가 할 수 있는 가장 좋은 선행은 후배 기업가를 키우는 것"이라며 "CEO 100명을 성장시키겠다"라고 말했다. 실제 카카오를 성공 궤도에 올린 뒤인 2012년 케이큐브벤처스(현 카카오벤처스)를 설립해 지금까지 150개 기업에 투자했다.

NHN을 떠난 지 10년도 넘었지만, NHN 시절 함께 고생했던 이들과 단체 채팅방을 개설해 만남을 이어가고 있기도 하다. 한게임 출신들이 주요 멤버다. 20여 명가량 되는 구성원들은 1년에 한두 차례 정기적으로 만난다. 연말에는 신분당선 판교역 인근 고깃집에서 모임을 가졌다. 한 모임 참석자는 "그때그때 시간이 되는 사람들이 참석하는 열린 모임"이라며 "블록체인에서 AI까지 온갖 주제로 다양하게 서로 의견을 나누고 옛날 이야기도 하는 그런 자리"라고 말했다.

CEO 중엔 시니어급만 있는 게 아니다. 사회 초년생 시절 NHN 을 거쳐간 이들도 많다. '애니팡'을 만든 이정웅 전 선데이토즈 대표, '검은사막'으로 유명한 펄어비스 김대일 의장 등이 대표적이다. 이 들은 "젊은 사람들이 모인 조직의 자유로운 환경이 CEO급 인재를 배출한 원동력"이라고 얘기한다. 2003년 NHN에 공채로 입사한 김 상호 NHN 빅풋 대표도 그중 하나다. 그가 입사 시험을 볼 당시 2차 면접관이 김병관 의원, 3차 면접관이 이해진 GIO, 김범수 의장, 김 정호 베어베터 대표였다고 한다.

이에 대한 김상호 대표의 회고다.

"인터넷 비즈니스는 기존 전통산업처럼 정해진 방식이 없고, 방 법을 만들며 해야 하는 일이 대부분이었다. 또 직원의 연령대가 많 아야 30대 후반으로 대부분 비슷했다. 신입 사원이라도, 어리더라 도 아이디어만 좋으면 얼마든지 중책을 맡을 수 있는 구조였다. 실 패해도 NHN이라는 큰 울타리 안에서 또 다른 일을 하면 됐기 때문 에 다들 열심히 일했다. 한번은 신입 사원들끼리 회의하려고 회의실 을 예약했는데 누가 들어가서 안 나오는 거다. 계속 두드렸더니 김 범수 의장님과 이해진 GIO가 나오더라. 대기업 같았으면 우리가 혼났을 텐데 오히려 그분들이 미안하다며 다른 장소로 갔다. 그만큼 열린 분위기였다."

NHN은 2013년 네이버와 NHN엔터테인먼트로 다시 분리됐

다. 게임 부문을 중심으로 간편결제 플랫폼인 '페이코' 등 핀테크 (Fintech·금융기술)와 클라우드 분야로 사업을 확장하고 있다. 2019년에는 분리 5년 만에 다시 사명을 NHN으로 바꿨다. NHN 관계자는 "앞으로도 우수한 IT 인재 양성을 위해 투자를 아끼지 않을 것"이라고 말했다.

IT 기업 CEO 인맥의 또 다른 축은 네오위즈다. 장병규 크래프톤 의장(4차산업혁명위원회 위원장)과 나성균 네오위즈홀딩스 대표가 주축이 돼 1997년에 세운 회사다. 당초 '원클릭'이란 인터넷 자동접속 프로그램을 개발한 회사였지만 이후 웹 기반 채팅 서비스인 '세이클럽', 게임포털 '피망' 등으로 사업 영역을 넓혀갔다. 장 의장이 2007년 크래프톤(구 블루홀)을 세우면서 네오위즈 출신인 김강석 전 대표와 김효섭 대표가 차례로 대표를 맡았다.

게임 '미르의 전설'로 잘 알려진 위메이드의 장현국 대표도 네오위즈 모바일 대표 출신이다. 엑스엘게임즈의 최관호 대표와 조계현 카카오게임즈 대표도 네오위즈에서 오랫동안 한솥밥을 먹던 사이다. 비교적 젊은 세대 CEO로는 김봉진 우아한형제들 대표, 정주환 카카오모빌리티 대표 등이 있다.

네오위즈를 거쳐간 이들은 회사에 유능한 인재가 많았던 점을 가장 큰 원인으로 거론한다. 10년 넘게 네오위즈에서 근무했던 한 IT 기업 대표는 "젊은 사람들이 가장 열심히 일할 때는 옆에 좋은 동료가 있어서 자극받을 때다. 당시 네오위즈엔 카이스트 전산학과나 서울대학교 경영학과를 나오지 않으면 팀장을 달지 못한다는 말이 돌 정도로 우수한 인재들이 많았다. 우리뿐만 아니라 강남 테헤란밸리 인근 IT 회사들에도 인재가 많았다. 옆 사람을 쳐다보며 자극받아서 일하다 보니 다들 좋은 성과를 낼 수 있었다"라고 말했다.

100대 0
원칙 아시죠

카카오만의 보안 법칙

판교 밸리 기업들에게 아이디어는 곧 핵심 기술이다. 작은 아이디어 유출이 큰 사업 기회 상실로 이어질 수 있기에 일반 기업보다 더 깐깐하고 엄격하게 사내 정보를 걸어 잠근다. 이들에게 정보 보안은 선택이 아니라 생존을 위한 필수다. 판교 밸리 기업을 취재하는 과정에서 이와 관련된 이야기를 심심찮게 들을 수 있었다.

대표적으로 경기도 판교의 카카오 본사 직원들이 오리엔테이션 때부터 배우는 보안 법칙이 있다. 이는 입사 후 카카오톡이나 메일로 업무용 문서를 주고받을 때도 언급된다. "100대 0 아시죠?" '회사 내부에서는 모든 정보를 공유(100)하고, 카카오를 벗어나서는 아무것도 공개하지 않는다(0)'는 '100대 0'의 원칙이다. 직원들은 회사

밖에서는 아예 업무 관련 얘기를 하지 않는다. 회식 등 외부 술자리에서도 마찬가지다. 100대 0의 원칙에서 0이 의미하는 바다. 하지만 내부정보는 누구보다 활발하게 공유한다. 창의성과 신기술로 크는 기업 특성상 활발한 내부정보 교류가 필수적이다. 100대 0의 원칙에서 100이란 숫자로 대변된다.

오픈형 부동산 플랫폼 '다방'을 운영하는 스타트업 스테이션3는 직원들이 퇴근하고 난 오후 7시부터 책상 검사를 시작한다. 이 회사 김용희 정보보호 파트장이 80여 개가 넘는 책상 위를 매의 눈으로 샅샅이 훑고 다니는데, 담배나 술을 찾는 게 아니다. 책상 위에 놓여 있는 외장하드, USB, 기타 중요 문서들이 검사 대상이다. 퇴근 후에 자료 등이 책상 위에 있으면 정보보호 팀에서 수거해 파기한다. 공교롭게도 사내 책상 검사에서 가장 많이 누적 경고를 받은 직원은 창업자인 한유순 대표다. 미처 정리하지 못하고 어지러이 늘어놓은 서류 등이 이유였다.

빈손 출퇴근 원칙이 있다. 출근은 물론 퇴근도 빈손으로 해 외부로 유출되는 회사 문서나 파일 등을 최소화하겠다는 목표다. 직원이라도 사내에선 무단으로 사진을 찍을 수 없다. 근무 중 10분 이상 자리를 비울 때에는 PC에 한유순 대표의 얼굴 사진이 나오는 화면보호기가 뜬다. 보호기엔 '개인정보보호를 놓친 남자, 아차' 등 재미난 문구가 적혀있다. 또 퇴근과 동시에 자사 서비스에 관리자로 접근할 수 없다.

게임업체인 넥슨은 '스마트폰은 잠금 설정', '의심스러운 메일은 신고하고 삭제'처럼 정보보호 수칙이 담긴 마그네틱 굿즈를 만들어 사용 중이다. 자연스레 정보보호 관련 노력들이 몸에 배도록 하기 위해서다. NHN엔터테인먼트는 매월 대청소를 한다. '개인정보 클린&클린 데스크 캠페인'이다. 이 회사 임직원들은 매월 PC 내 개인정보를 암호화하거나 삭제한다. 또 중요정보는 최소로 저장하고, 반기별로 악성코드 모의훈련을 실시한다.

회사 밖으로의 정보 누설은 철저히 막는 대신 사내에서 활발한 정보 교류는 적극 장려한다. 카카오에선 사내 게시판인 '아지트'를 이용해 다른 부서에서 어떤 업무가 진행 중인지 알아보는 것은 물론 그에 대한 의견을 낼 수도 있다. 아지트는 트위터처럼 실시간(타임라인)으로 대화 내용이 올라온다. 여기엔 2800여 명에 달하는 카카오 임직원들이 모두 참여한다.

덕분에 특정 팀 업무에 다른 팀 구성원의 의견이 반영되는 일이 잦다. 또 주요 이슈가 있을 때에는 임직원 전체를 대상으로 타운홀 미팅 형식의 'T500(목요일 오후 5시에 하는 비정기적 전체 미팅)'이 열린다. 임직원 전원에게 회사의 주요 정보를 투명하게 공개하고 공유한다는 철학에 따른 것이다. 이 자리에서 임직원들은 자신의 의견을 자유로이 낼 수 있다. 참석하지 않은 직원들에게도 생중계된다. 최근엔 한 달에 2번꼴로 열렸는데, 그 주제는 카카오 조직문화의 건강성 진단 결과였다. 직원들이 스스로 '카카오는 건강한 조직인가' 등에 대해 의견을 내고 결과를 공유했다.

판교 밸리 기업들은 아이디어 발표도 축제나 경연 대회처럼 진행한다. 직군에 상관없이 다양한 아이디어를 도출하고 발전시키기 위한 해커톤 프로그램 개최가 그 예다. 해커톤은 해킹과 마라톤의 합성어로 정해진 시간 동안 기획자, 개발자, 디자이너 등이 함께 자유롭게 아이디어를 내서 최종 결과물까지 완성하는 것으로 최근 많은 기업들이 시행하고 있다.

네이버는 해커톤 프로그램인 '네이버 핵데이'와 기술 쇼케이스인 '네이버 엔지니어링 데이'를 통해 누구나 자신의 아이디어를 선보이고, 이와 관련해 개선 아이디어를 구할 수 있도록 한다. 2019년에 4회째를 맞이한 '네이버 핵데이'에서 '360° 뷰어', '카페 플러그'처럼 다양한 기술과 아이디어가 발굴됐고, 이는 실제 서비스로도 만들어졌다. 2018년엔 총 48개 팀(145명)이 참가했다. 또 연 1회였던 '엔지니어링 데이'를 2019년부터는 분기마다 열기로 했다. 모바일게임 유저가 게임 플레이 중 앱을 나가지 않고도 곧바로 커뮤니티를 통해 다른 유저와 소통할 수 있도록 한 '플러그 기능'이 '엔지니어링 데이'를 통해 구현되는 등 이 행사의 효용이 크다는 사실을 알았기 때문이다.

SK플래닛도 2016년부터 사내 아이디어 공모전인 '핵 플래닛'을 열고 있다. 매년 20여 개 팀, 100여 명의 임직원이 참여한다. 점심시간 등을 활용해 '핵 플래닛'에 출품된 아이디어를 공개하고 다른 구성원들의 추가 개선 아이디어를 모으는 '데모 데이' 프로그램도 더해졌다. SK플래닛 측은 '핵 플래닛'은 직원들의 아이디어 공유를 활성화하고, 협업을 통해 이를 발전시키는 과정에서 인사이트를 얻는 사내 정보 공유 축제로 자리매김했다"라고 설명했다.

NHN이 사옥 옥상에
글램핑을 설치한 까닭은

번아웃을 방지하는 깨알 복지

'직원의 시간을 회사가 아껴준다.' 판교 밸리 기업들의 직원 복지를 설명하는 말이다. 판교에 있는 대부분의 스타트업은 직원 수가 많지 않은 편이기 때문에 적은 수의 직원으로 어떻게 높은 효율을 낼 수 있을지 생산성과 효율성 문제를 특히 고민한다. 수천, 수만 명의 인력을 동원할 수 있는 기존 대기업과는 달리 직원의 시간을 다루는 DNA 자체가 다르다는 뜻이다. 판교 밸리에서 일하는 7만여 명 인재들의 하루 시간을 모으면 무려 168만 시간이다. 이곳에 있는 1200여 개 기업은 업무 외 분야에서 직원들의 시간 누수를 최대한 줄여 업무 집중도와 효율을 높이는 복지를 택하고 있다. 회사도 좋고 직원도 좋은 이른바 '판교식 직원 복지 모델'은 그렇게 탄생했다.

펄어비스는 '깨알복지'로 유명하다. 규모나 금액 면에서도 많지만 커트 비용 같은 소소한 복지도 많아서다. 이 회사 정요한 과장은 회사 앞 상가에 있는 미용실에 다녀왔다. 유명 배우들의 스타일링을 담당했던 경력의 헤어디자이너가 그의 머리를 30분간 만졌지만 커트비는 내지 않았다. 대신 펄어비스 직원용 장부에 이름을 적었다. 평상시 미용실에 다녀올 시간이 부족한 게임 개발자들을 위해 회사가 커트 비용을 지원하는 것이다. 이 미용실을 찾는 펄어비스 직원만 한 달에 100명이 넘는다. 다른 지정 미용실까지 합치면 전체 직원 700여 명 중 200명 이상이 매달 이 복지를 이용한다. 정 과장은 "게임 개발에 너무 바쁜 개발자가 부스스한 장발에 떡진 머리로 다닌다는 통념은 펄어비스에선 통하지 않는다"라고 말했다.

매달 회사 인근에 사는 직원들에게는 50만 원씩 주거비를 지급한다. 미성년 자녀 한 명당 50만 원씩 양육비를 주고, 요양병원에 계신 부모가 있으면 한 명당 40만 원씩 병원비를 지원한다. 사내엔 전문 안마사가 상주해 예약하면 30분씩 안마를 받을 수 있다. 천재니 펄어비스 사업전략실 과장은 "복지 콘셉트 자체가 직원은 업무를 하고 나머지는 회사에서 다 해준다는 방향"이라고 설명했다.

엔씨소프트 판교R&D센터 안에는 병원(메디컬센터)이 있다. 회사 소속 전문의가 상주해 있어 신경계 및 근골격계질환부터 흔히 발생하는 내과, 소아과, 피부과 질환, 스트레스로 인한 각종 질환까지 진료를 받을 수 있다. 겨울철에는 독감예방접종도 실시한다. 한글과 컴퓨터는 매달 한 차례 한의사가 회사를 방문해 직원들 진맥을 해주는 제도를 시행하고 있다. 업무로 바쁜 직원들이 병원을 찾아 회사 밖을 나서는 수고를 덜어주는 복지제도들이다.

질 좋은 구내식당과 분위기 좋은 사내 카페 시설은 판교 기업들이 공통적으로 힘주는 복지 분야다. 직원들이 매 끼니 뭘 먹을지 고민하고 커피 한잔을 위해 회사 밖을 헤매는 대신 사내에서 삼시 세끼 만족도 높은 식사와 음료로 해결하라는 것이다. 공학기술용 소프트웨어 개발사인 마이다스아이티는 5성급 호텔 뷔페 출신 셰프 10명이 만드는 식사를 매일 제공한다. 아침은 1000원, 점심은 4000원, 저녁은 무료다. 한 달에 한 번 셰프가 요리한 반조리 상태의 음식을 집에 가져가는 행사도 진행한다.

판교역 바로 앞에 위치한 카카오게임즈 카페테리아에는 무료 생맥주 기계가 설치돼 있다. 하루 나가는 맥주량은 평균 60잔. 멀리 술을 사러 나가기는 싫은데 가볍게 혼맥하며 일하고 싶은 직원들, 굳이 술집을 찾아가기보단 사내에서 간단히 회식하려는 이들의 수요를 충족시키기 위해 회사에서 설치했다. 카카오게임즈에는 직원들을 위한 만화방도 있다. 소장 만화책 수만 1700여 권이다. 사내에선 언제든 읽을 수 있고 금요일 오후 3시부터는 주말 기간 대여도 가능하다. 콘솔게임 타이틀도 40개, 보드게임도 14종을 구비해 놨다. 금

NHN엔터테인먼트 판교 사옥 옥상 정원의 글램핑
시설은 직원과 그 가족이 1박 2일간 즐길 수 있다.

요일 오후만 되면 대여를 위한 줄이 길게 늘어설 정도로 인기다. 업무 시간엔 업무에만 집중할 수 있게 하고, 일과 휴식의 균형을 잘 맞춰주는 쪽으로 복지제도를 도입하고 있다는 게 회사의 설명이다. 휴가나 주말을 즐기려는 직원들을 위해 무료로 캠핑카, 캠핑용 트레일러를 빌려주고 있다. 겨울엔 직원들에게 방한용 패딩을, 황사 철에는 황사 방지 마스크를 각각 제공했다.

회사 사옥 내에 직원과 그 가족들이 휴가지에서처럼 쉴 수 있는 공간을 만든 기업도 있다. NHN엔터테인먼트는 2016년 말부터 판교 사옥 플레이뮤지엄 옥상정원에 텐트를 비롯한 글램핑 시설을 갖춰놓고, 직원과 그 가족들이 주말에 와서 1박을 할 기회를 주고 있다. 간단한 바비큐 도구 등을 갖춰 피서지 못지않은 느낌이 난다.

일반 기업과는 다른 업무 패턴에 맞춘 복지제도도 눈여겨볼 부분이다. 판교에는 7월 말~8월 초의 전통적인 휴가를 가는 직장인이 많지 않다. 부양가족이 없는 20~30대가 많아 구태여 성수기에 비싼 돈을 들여 휴가를 떠날 이유가 없는 데다. 산업 자체의 특수성도 있다. 7말 8초는 초·중·고생들의 방학이 집중되어 있어서 게임 회사에선 가장 매출이 높은 시기로 여겨진다. 여름방학을 앞둔 6월 말부터 7월 중순까지 주요 게임들의 대대적인 업데이트가 이뤄진다. 게임 업계의 판도가 PC 중심에서 모바일 중심으로 넘어가면서 7말 8초에 휴가를 가지 않는 분위기는 많이 사라지긴 했지만, 여전히 개발이 한창이거나 게임 출시가 막바지에 접어든 팀에서는 휴가를 미루는 경우도 제법 많다는 게 업계 관계자의 설명이다.

대신 휴가 패턴은 자유롭다. 휴가를 하루 이틀씩 짧게 쪼개서 가는 이들도 적지 않다. 직원 수가 많지 않은 스타트업에서 한 명이 장기간 자리를 비울 경우 그만큼 업무 공백이 커지는 현실적인 고민도 있다. NHN 등은 아예 1~2시간짜리 휴가도 자유로이 낼 수 있도록 해 직원들 사이에서 호응을 얻고 있다. 이 회사에선 오전 11시~오후 4시의 코어타임을 제외하면 원하는 시간에 언제든 휴가를 쓸 수 있다. 이 회사 황현돈 홍보 팀장은 "과거엔 4일짜리 휴가를 가려면 32시간, 즉 휴가를 4일 모두 내야 했지만, 최근엔 하루 중 코어타임 4시간씩 16시간, 즉 휴가일로는 이틀만 사용해도 4일짜리 휴가를 가는 효과가 생긴다"라고 전했다.

하루 이틀짜리 짧은 휴가를 즐기는 분위기 못지않게 일정 기간을 근무한 뒤, 보름~한 달가량 유급으로 쉬는 리프레시 휴가를 자유로이 쓰는 이도 많다. 일반적인 대기업에선 보통 만 10년가량 재직한 뒤 30~45일가량 리프레시 휴가를 떠나지만, 판교에선 보통 만 3~4년 근속하면 리프레시 휴가가 주어진다. 카카오는 3년 재직 이후 한 달간, 게임 회사인 크래프톤은 만 4년 근속 이후 2주간의 리프레시 휴가를 각각 보장한다. 덕분에 2016년에 카카오에 입사한 직원 중 대다수가 이미 리프레시 휴가를 다녀왔다. 카카오는 리프레시 휴가 중 급여와 별도로 200만 원의 휴가비를 추가 지급한다. 네이버도 현재 2년간 근무한 뒤 15일의 유급 리프레시 휴가를 주고, 이후 3년마다 휴가를 준다.

판교 밸리 기업의 리프레시 휴가 주기가 짧은 건 직원들의 재직 기간이 길지 않은 데다, IT 업계 속성상 3년 정도 쉼 없이 일하면 '번아웃(소진, 탈진)'이 될 우려가 커서다. 이는 그만큼 개발 등에 대한 압박이 크다는 의미이기도 하다. 초고속 성장을 하는 스타트업의 직원들이 번아웃을 많이 겪고, 이는 곧바로 기업의 위기로 이어진다는 점에서 기업들은 직원에게 좀 더 세심하게 신경을 쓰게 된다. 그 결과 판교에서는 전통적인 기업에서는 볼 수 없었던 다양한 복지가 생겨나고 있는 것이다.

판교 기업의 로비는
특별하다

공간의 역할

판교 밸리 기업들은 사옥, 특히 기업의 얼굴이라 할 수 있는 1층 로비를 꾸밀 때도 여느 대기업과는 다르다. 높은 천장과 널찍한 공간이라는 하드웨어적 특징은 동일하지만, 그 안에 채워 넣은 소프트웨어에는 개성이 넘친다. 일반적인 기업 로비가 들어오고 나가는 사람을 통제한다는 기본기능에 충실한 운영체제만 구동되는 공간이라면, 판교 밸리 기업 로비에는 놀이터, 휴게실, 자전거 주차장, 지역주민 사랑방 등 다른 여러 가지 부가 기능을 추가한 '확장팩 소프트웨어'가 돌아가고 있다.

유리문을 밀고 들어서면 원목으로 된 계단형 벤치가 2층까지 이어진다. 곳곳에 방석이 깔렸고 알록달록한 꽃과 나무가 방문객들을 반긴다. 안내 데스크에는 유니폼을 차려입은 직원 대신 2층으로 오라는 안내판만 덩그러니 놓여있다. 광화문과 강남 일대 여느 대기업 로비와는 사뭇 다른 외양의 이곳은 판교 밸리에 있는 안랩 사옥 1층 로비다.

안랩은 영화 〈로마의 휴일〉에 등장하는 스페인 계단에서 영감을 받아 이곳을 조성했다. 오드리 헵번이 계단에 앉아 아이스크림콘을 먹는 장면으로 잘 알려진 바로 그 계단이다. 이탈리아 로마에 있는 트리니타 데이 몬티 성당과 바르카시아 분수를 연결하는 이 계단은 높은 곳과 낮은 곳을 연결하는 기본기능 외에도 지친 사람들을 쉬게 해주는 거대한 벤치 기능도 충실히 수행한다. 여름철이면 관광객들은 이곳에 앉아 아이스크림을 먹으며 휴식을 취한다. 로마의 스페인 계단처럼 안랩 사옥 내 스페인 계단도 1층과 2층을 연결하는 단순한 용도를 넘어 임직원 간, 또 회사와 지역사회 간 소통 공간의 역할을 한다. 사내외 행사가 열릴 뿐만 아니라 직원들이 휴식을 취하는 곳이기도 하다.

판교 엔씨소프트 사옥을 처음 방문하는 사람들은 두 가지 측면에서 당황한다. 일단 어느 시간에 와도 로비에 초등학교 취학전아동들이 울고 웃고 뛰어다닌다. 오전 시간대에는 부모 곁을 떠나기 싫어 우는 아이가 많다면 오후 시간대에는 부모들이 반가워 해맑게 웃는 아이가 좀 더 많지만, 시끌벅적하기는 마찬가지다. 아이들은 시도

안랩은 영화 〈로마의 휴일〉에 등장하는
스페인 계단을 본뜬 계단 구조물을
사옥 1~2층 로비 공간에 조성했다.

때도 없이 곳곳에 있는 캐릭터 인형들 사이를 누비며 로비를 놀이터 삼아 뛰어다닌다. 엔씨소프트 로비 1층 입구에 자리 잡고 있는 직장 어린이집에 다니는 아이들이다. 만 1세부터 5세까지의 직원 자녀 200여 명이 다니고 있다.

두 번째는 정장을 입고 귀에 이어폰을 꽂은 채 회사에 들어오고 나가는 사람들을 매의 눈으로 지켜보는 통상의 보안 요원을 찾아보기 힘들다는 점이다. 대신 회색 스웨터를 입은 캐주얼 차림의 보안 요원이 의자에 앉아서 근무하고 있다. 엔씨소프트는 최근 로비 근무자의 복장과 근무 형태를 바꿨다. 정장 차림의 불편한 복장으로 온종일 서서 일하다 보니 발과 종아리가 붓고 관절에 무리가 온다는 점을 감안해 근무 환경을 바꾼 것이다. 보안요원의 근무 환경을 개선하자는 직원들의 지속적인 건의가 있었고, 회사에 오는 외부인 눈에 비치는 딱딱한 첫인상을 바꿀 수 있다는 점도 고려했다. 덕분에 회사 로비에 들어서면 회사인지 놀이터인지 구분되지 않게 분위기가 달라졌다.

오전 9시 NHN엔터테인먼트 판교 사옥. 정문 한쪽으로 난 자전거 전용 출입구는 헬멧을 쓰고 보호구를 착용한 채 자전거를 끌고 건물 안으로 들어오는 사람들로 붐볐다. 로비 안에 최대 150대까지 자전거를 수용할 수 있는 판교 밸리 최대 규모 자전거 실내 주차장인 바이크 행어가 있기 때문이다. 비가 오나 눈이 오나 항상 따뜻한 로비에서 편하게 자전거를 주차할 수 있다. 자전거 주차장 한쪽에는 전문 수리 직원이 상주하는 자전거 수리점이 입주해 있다.

자출족(자전거 출퇴근족)의 한 명인 정성열 NHN엔터테인먼트 감사 팀장은 "특별한 상황을 제외하고는 매일 자전거로 출퇴근한다"라며 "상주 직원이 매일 주차된 자전거를 점검해 주는데, 펑크나 바람 빠짐 같은 건 알아서 해결해 주기 때문에 정말 편하다"라고 말했다.

네이버의 로비에는 2010년 문을 연 '네이버 라이브러리'가 있다. 1, 2층을 합쳐 약 300평 규모 공간에는 국내외 잡지 250여 종, 세계 백과사전 1300여 권을 포함해 디자인 및 IT 관련 서적 2만 6000여 권이 비치돼 있다. 회사 로비에 있는 도서관이지만 네이버 아이디만 있으면 시민 누구나 이용할 수 있다.

이곳은 기본적으로는 디자인&IT 전문도서관을 표방하지만 들여다보면 인근 주민들, 특히 노인들의 휴게 공간 역할로 사랑받고 있다. 전문 서적을 참고하거나 시험공부를 위해 이곳을 찾은 젊은 방문자 외에도 신문이나 잡지를 보며 분위기 있는 공간에서 자기만의 시간을 조용히 보내려는 노년층 방문자들도 많다. 이곳에서 만난 인근 주민 김 모 씨는 "무료인 데다 조용한 분위기가 마음에 들어 이곳에서 자주 시간을 보낸다"라며 "기업 로비에 이런 공간이 있어 좋다"라고 말했다.

판교 밸리 기업들은 어쩌다 독특한 로비를 만드는 데 투자하게

NHN엔터테인먼트 사옥 1층 로비에 있는
자전거 주차장 바이크 행어.
자전거를 최대 150대까지 수용할 수 있다.

됐을까. 전문가들은 로비가 단순한 입구 역할을 넘어 기업을 대표하는 '얼굴'이라는 점에 판교 기업들이 주목하고 있다고 설명한다. 이병태 카이스트 경영대학원 교수는 "구글이나 애플, 페이스북 등 글로벌 IT 기업들도 로비를 포함해 사옥 단장에 많은 돈을 투자한다. 외부 방문자에게 좋은 이미지를 주고, 내부 직원들에게 자부심을 주는 효과가 있다"라고 설명했다.

우리 회사 인재
빼앗지 마세요

인재 영입 경쟁

신분당선 판교역에 내리자 카카오페이의 경력직 공채를 알리는 대형 광고물이 눈에 띄었다. 플랫폼을 빠져나와 마주치는 기둥엔 "게임 회사인 컴투스가 게임 프로그래머를 구한다"라는 구인 광고물이 설치돼 있다. 판교역에서 판교 밸리 쪽으로 나가는 에스컬레이터 옆 벽면은 카카오페이의 차지였다. 직원들의 목소리를 빌려 기업을 소개하는 내용의 홍보물을 촘촘히 설치했다.

카카오페이나 컴투스 등이 지하철 판교 역사에 구인 광고물을 설치한 건 판교역을 오가는 역량 있는 개발자 등을 노리고서다. '잠재 지원자'들을 위해 광고 하단에는 QR 코드 등을 심어놓았다. 스마트폰만 들고 있다면 채용과 관련한 상세한 정보를 얻을 수 있다.

판교 밸리 기업 간 인재 확보 경쟁이 뜨겁다. 거의 '인재 확보 전쟁' 수준이다. 특히 해마다 3월은 경력직 공채가 가장 활발한 시기다. IT 기업의 경우 대개 2월마다 직원들과 연봉 협상을 한다. 능력 있는 개발자라면 연봉 협상을 통해 원래 다니던 회사에서 어느 정도 급여를 올려놓은 뒤, 다른 회사로 이직하면서 이를 근거로 다시 한 번 급여를 높일 수 있다. 고용자인 기업 역시 회계연도가 3월을 기점으로 바뀌는 경우가 많아 연초보다는 이때부터 경력직 인재 확보에 나서는 경우가 다수다.

2019년 서울대학교 행정대학원 서베이연구센터 조사 결과 우리 국민의 체감실업률은 27.3퍼센트에 달하는 것으로 나타났지만, 어느 정도 능력을 인정받은 개발자라면 판교 밸리에선 일자리를 걱정하지 않아도 된다. 이곳에선 구직난보단 구인난이 더 심각하다.

인재 영입을 놓고 CEO 간 신경전이 벌어지기도 한다. 2018년 말 한국인터넷기업협회 주최로 열린 '2018 인터넷 기업인의 밤'에선 한성숙 네이버 대표와 여민수 카카오 대표 간 뼈 있는 농담이 오갔다. 당시 한 대표는 "네이버가 인재를 다 뺏어간다고 하지만 우리도 사람을 뽑는 데 너무 힘이 든다"라고 말했고, 여기에 여 대표는 "우리 인재 뺏어가지 마세요"라고 답해 좌중에 웃음이 터졌다. 네이버나 카카오 등에 비해 상대적으로 '네임 밸류'가 밀리는 기업들은 신입 개발자 연봉으로 5000만 원 이상을 부르기도 한다.

새로운 인재를 영입하기 위한 노력은 현재진행형이다. 지하철역 광고를 진행 중인 카카오페이는 2017년 4월 60명 선이던 직원 수가 2019년 현재는 310명을 넘어섰다. 새로운 분야로의 진출을 위해 꾸준히 몸집을 불린 덕이다. 2019년 2월 경력 공채에서도 개발, 프로덕트, 사업 등 다양한 직무에서 두 자릿수 이상을 뽑는 걸 목표로 한다. 이를 위해 카카오페이는 온·오프라인 상담 채널을 운영 중이다. 잠재 지원자가 채용에 대해 실시간으로 질문하고 답을 받을 수 있도록 채용 전용 '카카오톡' 플러스친구 및 링크드인 메신저도 활용했다. 우수 경력자를 초청해 자사 직원들과 직접 만나게 하는 오프라인 모임 '페이톡'도 활용 중이다. 2018년 두 차례 열린 '페이톡'에는 이 회사의 나호열 CTO 등이 직접 나와 카카오페이의 조직문화와 역점 기술 등에 대해 소개했다. 또 이 회사 채용 팀엔 2명의 사내 리크루터가 활동 중이다. 프로야구 구단의 스카우터처럼 우수 인재를 찾아 이들에게 일자리를 제안, 영입하는 게 사내 리크루터의 몫이다.

채용 파티도 열린다. 2016년부터 '위프렌즈 커리어'란 행사를 열어온 NHN엔터테인먼트가 대표적이다. 행사에는 내부 직원 한 사람당 최대 3명까지 초대할 수 있다. 2018년 8월 NHN엔터테인먼트 판교 사옥에서 열린 '위프렌즈 커리어'에는 700여 명의 인재가 참여했다. 수제 맥주 만들기나 필라테스, 디제잉과 칵테일 파티 등은 물

신분당선 판교역 역사는 물론
지상에 이르는 에스컬레이터 옆 벽면까지
구인 광고물이 촘촘히 설치돼 있다.

론 현직 근무자와 질의응답, 사옥 투어, 주력사업 및 복지제도 소개 등이 자연스레 이어졌다. 당시 행사엔 정우진 NHN엔터테인먼트 CEO 등도 참석했다.

야놀자는 우수 인재를 추천한 내부 직원에게 한 사람당 200만~300만 원의 추천 인센티브를 준다. 직원 추천으로 입사한 이가 일정 기간 이상 근무하면 입사자와 추천자 모두에게 인센티브를 주는 식이다. 상대적으로 규모가 작은 기업들은 '원티드'나 '깃허브' 같은 개발자 커뮤니티 사이트를 예의 주시하다가 자사에 적합한 인재가 나오면 직접 연락을 취한다.

한글과컴퓨터그룹은 2018년부터 그룹사 채용 제도를 시작했다. 한글과컴퓨터 네임밸류를 활용해 그룹 내 중소 계열사의 인재 영입을 돕기 위해서다. 하지만 중소 IT 업체에 우수 인력 영입 및 유지는 여전히 어려운 일이다. 익명을 원한 소프트웨어 업체 관계자는 "중소기업은 특히 인력을 유지하는 게 어렵다. 3~4년 열심히 일한 후에 다른 회사로 점프업을 한다"라며 "로열티(충성심)를 강요할 수는 없지만 (직원들의 잦은 이직이) 회사 입장에서는 어려운 일"이라고 말했다.

스타트업들의 인재 확보를 돕는 오이씨랩의 장영화 대표는 "사실 네이버, 넥슨 같은 회사는 인재들이 찾아오지만, 작은 스타트업들은 진짜 사정이 어렵다"라며 "우린 당장 A급은 아니지만 곧 A급이 될

만한 사람을 뽑아서 기업에 연결해 주고 있는데, 이런 방식의 인재 영입이 중소 규모 IT 기업들엔 고민해볼 만한 방식일 것"이라고 말했다.

커피 5분, PC 미조작 15분…
당신, 놀고 있군요

포괄임금제 폐지 그 후

#1. 김넥슨 차장은 이달 초부터 15분 이상 자리를 비울 땐 인트라넷에 접속해 이유를 적는다. 실장님과 미팅 등 사유가 있으면 근무시간, 없으면 근무시간이 아니다. 사정은 방마블 과장도 비슷하다. 다음 달부터 15분 이상 컴퓨터를 조작하지 않으면 '자리 비움' 메시지가 뜬다.

#2. 김엔씨 과장네 회사는 조금 다르다. 김넥슨 차장네나 방마블 과장네가 자기 자리에 앉아 PC를 조작하고 있는지가 기준이라면, 김엔씨 과장네는 직원이 업무 공간에 머물고 있는지를 본다. 옥상 흡연실이나 사내 카페 등 비업무 공간에 5분 이상 머물면 해

당 시간은 근무시간에서 제외된다. 사내 스파, 헬스장 등도 비업무 공간이다. 대신 구내식당이나 사내 도서관, 화장실에 머무는 건 근무로 인정한다.

　게임업계의 거인 '3N(넥슨, 넷마블, 엔씨소프트)'에 '업무 시간 체크' 바람이 불고 있다. 사례 속 김넥슨 차장, 방마블 과장, 김엔씨 과장처럼 이들 세 회사에 몸담은 임직원들은 일과 중 '딴짓'을 자제하게 됐다. 포괄임금제는 연장·야간근로 등 시간외근로 등에 대한 수당을 급여에 포함시켜 일괄 지급하는 임금제도다. 그간 게임업계 종사자들은 야근을 해도 포괄임금제 때문에 추가 수당을 받기는 어려웠다. 또한 주 52시간제가 도입되면서 근무시간을 더 효율적으로 관리해야 할 필요가 커졌다. IT 대기업 중 처음으로 노사 합의를 통해 포괄임금제를 없앤 넥슨은 2019년 9월부터, 넷마블과 엔씨소프트는 같은 해 10월부터 이런 시스템을 정식 도입했다.

　일단 직원들의 반응은 나쁘지 않다. 업무 시간을 타이트하게 지키는 만큼, 퇴근도 눈치보지 않고 할 수 있어서다. 포괄임금제 폐지 이전에는 '자투리 노동'처럼 여겨졌던 야근 역시 앞으로는 제대로 보상을 받게 된다. 한 예로 엔씨소프트의 경우 연봉 5000만 원 선(인센티브 제외)인 개발자가 주 6시간 정도 추가 야근을 하고 있다면, 이제는 매월 70만 원을 더 가져갈 수 있다. 또 세 회사 모두 '자리를 비운

	넥슨	넷마블	엔씨소프트
제한 시간	15분	10분 → 15분	5분
시행 방식	15분 이상 자리 비울 시 직원 스스로 공제	15분 이상 PC 비가동 시 근무시간 제외	5분 이상 비업무 공간 (흡연실, 스파, 카페 등) 체류 시 근무시간 제외
제도 보완	업무 내용 소명 시 근무시간 인정		사내 도서관, 근무 층의 휴게실 등에서 휴식 가능

이유'만 제대로 소명하면 자리를 비워도 그 시간만큼은 근무시간으로 인정받도록 했다.

　사무실 분위기도 확 바뀌고 있다. 직장인 익명 커뮤니티 '블라인드'에 글을 올린 한 엔씨소프트 직원은 "(업무 시간 측정 이후) 지각쟁이들이 일찍 오고, 도시락을 먹는 사람이 크게 늘었다"라고 했다. 사내 커피숍 이용 패턴도 달라졌다. 과거엔 커피숍에 앉아 음료를 마시는 '매장파'가 많았다면, 이젠 음료를 자신의 자리로 가져가는 '테이크아웃파'가 절대다수다. 엔씨소프트 측은 "대응 방안 등이 직원 간에 자연스레 공유되면서 불만이 줄고 있다"라며 "휴게 공간이 카페, 헬스장 등으로 좁게 설정되고, 근무 공간을 넓게 인정해주는 만큼 얼마든지 커피 등을 즐기며 일할 수 있기 때문"이라고 설명했다.

출근 시간 자체가 앞당겨지는 효과도 있다. 업무 시간만 일하면 되는 만큼, '일찍 와서, 일찍 가자'는 분위기로 바뀌고 있어서다. 익명을 원한 게임업체 관계자는 "예전엔 버릇처럼 야근하는 분위기가 있어서 그럴 바엔 아예 늦게 출근하겠다는 직원이 많았는데, 이젠 자기 근무시간만 채우면 눈치를 안 보고 퇴근할 수 있어서 전체적으로 출퇴근 시간이 앞당겨진 느낌"이라고 전했다.

모두 반기진 않는다. 우선 흡연자와 비흡연자 간 차이가 있다. 음료와 달리 담배는 회사 내에서 즐길 수 없는 데다, 정해진 흡연구역으로 이동하기엔 5~15분이 다소 짧아서다. 물론 담배를 피우며 일 이야기를 했다고 한다면 이는 근무시간으로 인정받는다.

일부에선 창의적인 작업이 많은 게임업계 속성상 온종일 자리에 붙어 있는 게 얼마나 효과적일지에 대해 회의적인 반응이다. '야근 수당만큼 급여가 늘어날 것'이란 설명에도 고개를 젓는 이들이 많다. 각 회사가 개발자 1인당 월 70만~100만 원 가까이 더 지불하기엔 비용 부담이 크기 때문이다. 차라리 주어진 시간 내에 업무를 완수할 것을 독려하는 게 더 자연스럽다.

실제로 2017년 업계 최초로 포괄임금제를 폐지한 펄어비스는 "포괄임금제 폐지와 업무 시간 체크는 무관하다"라며 업무 시간 체크 자체에 대한 거부감을 드러냈다. 이 회사는 야근 등 직원의 추가 업무 시간만 확인해 보상한다. 이 회사 관계자는 "게임업계 특성상 일일이 업무 시간을 체크하고 관리하면 일의 창의력이나 집중도가 오히려 더 떨어질 수 있다"라며 "개발 능률을 올릴 수 있도록 복지나 근무 환경을 조성하는 것이 포괄임금제 폐지의 취지에 더 부합한다고 생각한다"라고 밝혔다.

업무 시간을 정확히 측정하기 시작한 회사들은 초과근무 승인도 더 엄격해졌다. 넷마블은 초과근무 시 사전·사후 신청 및 승인이 필요하도록 규정을 바꿨다. 탄력근무제에 따라 종전 오전 8시~오후 10시였던 근무 가능 시간 역시 오전 9시~오후 8시로 좁혀졌다. 집중을 통한 업무 효율화를 위해서다. 넷마블 측은 "포괄임금제 폐지와 업무 시간 효율화 등을 통해 직원들의 워라밸(일과 삶 간 균형) 증진은 물론 건강한 기업문화가 확고히 정착되도록 할 것"이라고 밝혔다.

초과근무가 줄면 결국 미국 게임업계처럼 자연스레 게임 제작의 외주화가 더 많이 이뤄질 것이란 전망도 있다. 익명을 원한 게임업계 관계자의 말이다. "주 40시간인 기준 근무시간 동안 확실히 일하지만, 그래도 처리하지 못하는 부분은 반복해서 생길 수밖에 없다. 이 경우 초과수당을 지급하는 것보다는 상대적으로 난이도가 낮은 작업을 미국처럼 아예 외주 기업으로 돌리는 게 비용이 더 적게 드는 만큼, 외주화가 늘어날 것 같다." 포괄임금제로 인한 노동환경 변화가 예고되는 부분이다.

명절선물 경매부터
차량 공유 서비스 할인까지

명절 풍속도

스마트 글래스용 렌즈를 만드는 스타트업 레티널의 박순기 책임연구원 등 직원 4명은 설 연휴 기간 내내 미국으로 여행을 떠난다. 샌프란시스코에서 열리는 '광학전시회' 참관을 겸해서다. 비행깃값, 체류비 등 소요 경비 전액은 설 선물 차원에서 회사가 모두 지급하기로 했다. 회사 관계자는 "회사 핵심경쟁력이 R&D인 만큼 최신기술동향도 파악하고 여행도 하는 차원에서 희망자를 받아 경비를 지원하게 됐다"라고 말했다. 회사 측은 "농담으로 말하지만, 미혼 직원의 경우 설 연휴 기간 결혼하라는 어른들의 잔소리를 피하기 위한 목적도 조금은 있다"라고 덧붙였다.

설 연휴를 앞두고 찾은 판교에서는 스타트업들의 명절 맞이 준비가 한창이었다. NHN엔터테인먼트 사내 인트라넷에선 '곶감 전쟁'이 벌어졌다. 직원 A씨가 최근 명절 선물로 모처에서 받은 6만 원짜리 곶감을 사내 경매 시스템인 '럭키옥션'에 올려서다. 시초가 3만 원에서 시작한 곶감 가격은 6명의 직원이 1000원씩 호가를 올려가며 치열하게 경쟁하는 통에 5만 원대까지 빠르게 상승했다. 2시간 동안 진행된 곶감 전쟁은 마감이 임박한 순간 한 번에 5000원을 올려 5만 3000원을 부른 B씨의 승리로 끝났다. B씨가 낸 돈은 A씨가 지정한 기부처인 유기 동물 구호단체에 기부됐다. 곶감 외에도 도자기, 사과, 골프공, 표고버섯 등 다양한 선물 세트가 설 연휴 직전 경매에 부쳐졌다. 이 회사 황현돈 팀장은 "기업윤리 가이드상 선물을 받을 수 없다. 하지만 보낸 사람과의 관계 때문에, 또는 선물이 상할 우려가 있는 식품인 경우 반송하기 어려울 수 있다. 그럴 때 사내 인트라넷인 럭키옥션에 물건의 사진을 찍어서 올리고, 경매를 통해 판매한 다음 수익금을 원하는 곳에 기부하는 시스템을 도입했다"라고 설명했다. 2018년 추석에는 럭키옥션을 통해 총 27건 103만 원이 기부됐다. 명절마다 직원들이 기다리는 행사로 자리 잡았다.

NHN엔터테인먼트는 이밖에 연휴 기간 예외적으로 근무하는 직원들에게 휴일 근무 수당과는 별개로 하루 1만 원 상당의 사내 편의점 전용 기프트카드를 준다. 명절 교통비도 근무자에 한해 따로 지급하는 등 다채로운 명절 타깃형 복지제도를 갖추고 있다.

한글과컴퓨터 자회사인 한컴MDS는 설 명절을 앞두고 홈플러스 야탑점에서 장보기 행사를 열었다. 직원 한 명당 25만 원 한도 내에서 가족과 함께 장을 보도록 한 것이다. 총 300여 명이 참여했으며 가족과 함께 참석한 직원들에게는 저녁 식사도 제공됐다. 2004년부터 매년 진행한 행사다. 2019년부터 100만 원 한도 내에서 설·추석 명절과 생일·결혼기념일 축하 용도로 쓸 수 있는 복지카드가 지급되면서 설 장보기 행사는 잠시 중단됐다. 매년 행사를 할 때마다 직원들의 반응이 뜨거웠던 만큼 다시 진행할 예정이라는 게 관계자의 말이다.

쏘카는 차량 공유 업체답게 직원들의 귀향을 돕기 위해 자사 서비스를 할인해 제공한다. '쏘카'는 75퍼센트, 승합차를 활용한 차량 호출 서비스인 '타다'는 40퍼센트 할인된 가격으로 이용할 수 있다.

판교 기업들이 직원들에게 설 명절에 지급하는 선물은 상품권이 대세였다. 〈중앙일보〉가 판교와 인근에 소재한 기업 58곳을 대상으로 직원들에게 지급한 설 선물을 조사한 결과 네이버, 넥슨 등 상품권만 지급하는 기업이 68퍼센트로 가장 많았다. 한글과컴퓨터는 설·추석, 생일·결혼기념일 축하용으로 지급한 100만 원 한도의 복지카드로 선물을 대체했다. 선물 세트만 주는 곳은 컴투스, 게임빌 등 3곳이었다. 넷마블은 유일하게 효도비 명목의 현금을 감사 편지와 함께 봉투에 넣어 지급했다. 크래프톤은 상품권과 함께 선물 세

[기부자]

[이미지]

[물품상세]
- 품   명 : 지리산 산청 곶감
- 수   량 : 1세트
- 가   격 : 60,000원
- 구성품목 : 42구 (7개입X6줄)

NHN엔터테인먼트 사내 인트라넷에는 곶감, 도자기 등
다양한 선물 세트가 설 연휴 직전 경매에 부쳐졌다.

트를 함께 지급했다. 가장 많은 액수를 지급한 곳은 펄어비스로 상품권 30만 원과 김 선물세트를 함께 줬다. 조사에 응한 기업 19곳의 평균 선물 액수는 19만 1333원이었다.

IT 기업들답게 상품권 종류는 오프라인에서 쓸 수 있는 백화점 상품권뿐만 아니라 온라인 상품권, 포인트로 지급하는 경우가 많았다. 넥슨은 연중 상시 이용 가능한 22만 원 상당의 온라인 포인트를 제공했다. 엔씨소프트는 백화점상품권, 국민 관광 상품권, '페이코' 온라인상품권 중 하나를 택할 수 있게 했는데, 온라인상품권(64퍼센트)을 선택하는 비율이 가장 높았다.

회사가 보유하고 있는 간편결제 금융 서비스를 통해 명절 선물을 주기도 한다. NHN엔터테인먼트는 자사의 '페이코'를 통해 20만 포인트씩 지급했다. 대형 오픈마켓뿐만 아니라 백화점과 같은 오프라인 매장에서도 현금처럼 쓸 수 있다. 카카오 계열사는 카카오머니로 20만 원씩 지급했다. 카카오 계열사의 한 직원은 "카카오머니는 인터넷뱅킹을 통해 바로 현금화할 수 있기 때문에 현금으로 받은 것과 마찬가지"라고 설명했다.

모든 판교 밸리 기업들이 풍족한 설 연휴를 보내는 것은 아니다. 조사 대상 58곳 중 39곳이 "설 선물에 대해 마땅히 해줄 말이 없다"라며 응답을 거절했다. 해야 할 일이 많아 설 연휴 기간에도 회사에 나와서 일하는 스타트업들도 일부 있었다. 익명을 요구한 초기 스타트업 대표는 "사실 매출이 안 나는 상황에서 빨간 날에 모두 쉬는 것 이외에 직원들에게 따로 설 선물을 주기는 어렵다"라며 "연휴 전 마지막 근무일에 함께 식사를 하는 정도"라고 말했다.

정장은
복장불량이에요

판교 드레스 코드

홍콩에서 직장 생활을 하다가 카카오뱅크에 합류한 이일표 매니저는 입사 첫날 입사 동기 10명 중 유일하게 정장을 입고 왔다. 이런 그가 인사 팀 관계자로부터 들은 말은 "복장불량이에요"라는 농담 섞인 이야기였다. 판교에서는 정장 차림의 직장인을 찾아보기가 힘들다. 여의도와 광화문 일대의 드레스 코드가 정장이라면, 이곳 판교의 드레스 코드는 회사나 소속 부서의 로고 등이 담긴 유니폼이나 모자가 달린 후드집업이다. 신분당선 판교역 일대도 다양한 디자인의 회사 후드를 입은 직장인들로 가득했다. 흡사 점퍼에 대학교의 이름과 학과명을 새긴 '과잠'을 연상케 했다.

2018년 사업 보고서 기준, 연봉 138억 원의 김택진 엔씨소프트 대표는 오히려 점퍼 차림을 선호한다. 김 대표는 엔씨가 운영하는 프로야구 구단 NC다이노스의 점퍼와 유니폼을 수시로 입는다. 2019년 3월 경남 창원NC파크에서 열린 신구장 개장식과 같은 달 열린 개막전에서도 김 대표의 유니폼 차림을 확인할 수 있었다. 야구 사랑이 지극한 것으로 알려진 그는 지난 2012년 구단 창단 이후, 구단 행사에서는 빠짐없이 점퍼나 유니폼을 입고 있다. 특히 2019년 프로야구 개막전에는 엔씨소프트 직원 1500여 명도 함께했다. 이 회사 3400여 명의 직원 중 경기 관람을 희망한 이들이다. 이들 모두 NC다이노스 점퍼를 입고 있었다. 회사가 직원들에게 선물한 것이다. 점퍼는 물론 식사와 교통편 등도 회사가 부담했다. 점퍼 구입에만 1억 5000만 원 이상이 들었다. 점퍼 하나당 10만 원꼴이다.

이날 이후 경기도 성남시 판교에 위치한 엔씨소프트 본사의 직원 카페와 구내식당은 야구장인지 회사인지 헷갈릴 정도다. 점퍼를 받은 직원들 대부분이 회사에서도 점퍼를 노상 입고 다니기 때문이다. 야구장을 찾지 않은 직원 중 일부에선 "점퍼 때문에라도 (야구장에) 갈 걸 그랬다"라는 푸념이 나왔다. 김 대표가 거금을 들여 점퍼를 선물한 건 직원들에게 소속감을 심어주고 싶었기 때문인 것으로 분석된다. 엔씨소프트 관계자는 "오너인 김 대표는 물론 평사원까지 모두 동일한 옷을 입고 같은 방향으로 노력한다는 점을 야구 점퍼를 통해 알리고 싶었던 게 김 대표의 뜻이 아니었을까 짐작한다"라고 말했다.

　판교의 자유로운 복장은 30년 가까이 금융권에서 근무한 이용우 카카오뱅크 대표도 후드 대열에 합류하게 만들었다. 한국투자신탁 운용에서 최고투자책임자 등을 지낸 이 대표는 2015년 카카오뱅크의 식구가 됐다. 카카오뱅크에 합류하기 전, 그는 전형적인 '금융권'의 드레스 코드인 짙은 색깔의 정장을 입었다. 하지만 이제 그가 정장을 입는 일은 손에 꼽을 정도다. 판교 H스퀘어 5층에 있는 그의 사무실 의자에는 늘 등에 흰색 글씨로 'kakao bank'라고 새겨진 회색 후드가 걸려있다. 대표뿐 아니라 전 직원 640명이 회사 후드를 즐겨 입는다는 게 회사 측 설명이다. 덕분에 정장을 입고 오는 직원은 '선을 보러 가는 거냐'는 놀림 아닌 놀림을 당한다고 한다.

　후발 금융사인 카카오뱅크의 옷차림새는 전국은행연합회 모임 등에서도 단연 튀는 존재다. 다른 은행 관계자들은 모두 포멀한 정장 차림이지만, 카카오뱅크 관계자는 비즈니스 캐주얼 등을 입고 회의에 참석해서다. 카카오뱅크 측은 "소위 제1, 제2 금융권으로 대변되는 기존 금융사들과 경쟁하려면 기존 패러다임과는 다른 사고가 필요하다"라며 "자유로운 복장은 파격적인 서비스로 고객들에게 다가선다는 우리의 목표를 보여주는 선언과도 같은 것"이라고 전했다. 판교에서 유독 회사 후드나 점퍼 같은 단체복이 인기를 끄는 건 그 실용성과 단순함이 개발자들에게 먹혀들었기 때문이다. 우선 후

후드 패션의 실용성과
단순함이 개발자의 특성과 맞아떨어졌다.
카카오뱅크 직원들이 회사명이 적힌
회사 후드를 입고 회의 중이다.

드 등은 입었을 때 편안하다. 밤샘 작업이 많은 이들에겐 제격이다. 또 옷을 고르는 데 별다른 노력이 들지 않는다. '0과 1'에 기초한 이진수 언어에 익숙한 개발자들에겐 옷 고르기에 들이는 고민조차 귀찮은 경우가 많다. 미국 애플의 창업자 스티브 잡스 역시 생전 늘 검은색 터틀넥과 청바지만을 입었다.

후드 같은 단체복을 통해 단합심을 높일 수 있다는 것도 판교 밸리 기업들이 직원들에게 후드티를 맞춰서 주는 이유 중 하나다. 한성숙 네이버 대표 역시 행사 때마다 자사의 로고가 새겨진 후드를 입고 자주 등장한다.

애사심을 고취해보자는 깊은 속뜻도 있다. 요즘 들어 판교 밸리 기업의 가장 큰 숙제는 우수한 개발자들의 잦은 이직을 줄이는 일이다. 취업 포털 잡코리아의 분석에 따르면 카카오 직원의 평균 근속연수는 4.7년, 넷마블은 3.9년에 각각 그친다. 판교 밸리 기업들이 유달리 '쌔끈한' 후드티 만들기에 공을 들이는 이유다.

회사 후드에도 개성은 있다. 카카오페이의 후드는 손목과 주머니에 각각 카카오페이 로고와 캐릭터(라이언)를 넣었다. 이 회사 직원인 이남의 씨는 "회사 밖에선 구할 수 없는 디자인이라 좋다"라며 "판교 거리에서 같은 옷을 입은 사람을 보면 잘 모르는 이라도 친근하게 느껴진다"라고 했다.

판교 기업들은 노조도 단체 후드티를 맞춰 입는다. 네이버는 초록

색, 카카오는 노란색, 스마일게이트는 주황색, 넥슨은 파란색이다. 이수운 네이버 노조 홍보국장은 "노조 하면 떠오르는 '빨간 조끼'에 대한 일반 직원들의 부담감을 줄이기 위해 후드를 단체복으로 정했다"라며 "노조원 중 상당수가 개발자고, 이들에게 가장 친숙한 옷이 후드라는 점도 감안한 선택"이라고 말했다.

퇴근 후
'살롱'에서 모인다

바이오 업계의 혁신신약살롱

"한국의 바이오 벤처들 대부분 (글로벌 제약사와의) 첫 미팅에서 '너희에게 다 맞추겠다'는 식으로 말합니다. 그 말을 하는 순간 지위가 떨어집니다. 여러분만의 개발계획을 제출해야 합니다."

100여 명의 청중들이 강연자의 말에 귀를 기울인다. 퇴근시간이 훨씬 지난 오후 8시. 그들은 집으로 가는 대신 판교의 삼양 바이오팜 세미나실에 모였다. 자리가 부족해 서서 강연을 듣는 이들도 있을 정도로 열기가 뜨거웠다. 참석자들의 배경도 다양했다. LG화학과 SK바이오팜, GC녹십자 같은 국내 유력 제약사 연구원부터 서울대학교 교수진, 벤처캐피털 관계자 등이 눈에 띄었다.

강연자는 '1조 5000억 원 기술수출의 사나이'라 불리는 이정규 브릿지바이오테라퓨틱스 대표. 그는 최근 독일의 글로벌 제약사인 베링거인겔하임에 '특발성 폐섬유증(IPF)' 신약후보 물질인 'BBT-877'의 기술수출을 성공시킨 바이오 벤처기업인이다. 이 대표는 이 날 자신의 기술 수출 경험을 전파하기 위해 일일 강사가 됐다.

이날 현장은 국내 최대 바이오 스터디 그룹인 혁신신약살롱의 정례 모임 중 하나다. 혁신신약살롱은 2012년 대덕 바이오 클러스터로 유명한 대전광역시에서 싹텄다. 당시 한 글로벌 제약사의 아시아 연구소장이었던 이승주 오름테라퓨틱 대표가 산업계, 학계, 연구계에 흩어져 있는 혁신 신약 전문가끼리 모여 정보를 공유하고 같이 공부하자고 만든 열린 모임이 출발점이 됐다.

모임이 점점 커지면서 2016년 판교에 이어 2019년에는 충북 오송과 대구광역시, 그리고 인천 송도에도 지역별 '살롱'이 생겼다. 자유로운 토론과 대화가 가능한 곳이란 점에서 '살롱'이라 이름 붙였다. 2019년 8월 기준, 혁신신약살롱의 회원은 4148명에 이른다. 때문에 "바이오 업계 종사자라면 대부분 한 번쯤 와봤을 것"이라는 말이 나올 정도다. 같은 해 5월엔 바이오업계 시찰 차 충북 오송을 방문한 문재인 대통령이 오송 혁신신약살롱을 방문해 명성을 얻기도 했다.

판교뿐 아니라 각 지역 살롱별로 한 달에 한 번가량 정례 모임이 열리다 보니 혁신신약살롱 전체로는 월평균 2~6회 모임이 열린다.

이정규 브릿지바이오테라퓨틱스 대표는
자신의 기술수출 경험을 전파하기 위해
혁신신약살롱의 일일 강사가 됐다.

지역별 오프라인 모임에는 늘 100여 명 안팎이 참석한다. 혁신 신약에 관심이 있다면 정식 회원이 아니어도 참가비 1만 원만 내면 참여할 수 있다. 초기엔 지인끼리 돌아가며 주제 발표만 하는 식이었지만 이젠 외부 연사도 초청하는 배움과 사교의 장이 됐다.

사실 혁신신약살롱이 단기간에 빠르게 성장한 건 그만큼 바이오나 제약에 대한 지식과 경험에 목마른 이들이 많다는 방증이기도 하다. 이 분야가 한국의 미래 먹거리라는 건 분명하지만, 아직 글로벌 경쟁사들에 비하면 국내 경험이나 수준은 일천한 상태다. 한 예로 국내에서 자력으로 개발한 오리지널 신약 물질로 미국 FDA의 임상 3상을 통과한 기업은 SK바이오팜이 유일하다. 때문에 혁신신약살롱은 업계 관계자들에게 나아갈 길을 제시해주는 든든한 등대 역할을 해준다.

이날 강연자인 이정규 대표 본인도 살롱에서 도움을 많이 받았다고 했다. 이 대표는 "신약은 (임상) 데이터가 좋다가도 안 좋고 하는 일이 잦아 고충과 스트레스가 많다"라며 "그런데 같은 업계 사람들과 만나 편하게 의견을 구하고, 실질적인 팁을 얻어갈 수 있어 큰 도움이 됐다"라고 말했다. 그는 "소속 기업을 떠나 혁신신약살롱이 서로의 경험과 지식을 다 같이 나눌 수 있는 장이 됐다는 점이 무척 뿌듯하다"라고 덧붙였다.

지식과 네트워크를 교류하는 건 바이오·제약업계에선 글로벌 트렌드이기도 하다. LG화학 등 국내 바이오·제약 기업들이 세계 최대의 바이오 클러스터(기업, 대학, 연구소 등이 모여있어 서로 긴밀한 연결망을 구축해 상승효과를 이끌어 낼 수 있도록 한 곳)인 미국 보스턴에 연구센터를 내는 것도 같은 이유에서다. 보스턴에는 머크와 노바티스, 화이자 등 약 2000개의 글로벌 제약·바이오 기업은 물론 대학과 연구소, 종합병원들이 몰려있다. 이 지역 내 바이오 분야 종사자는 9만명에 육박한다.

실리콘밸리를 비롯한 IT 업계 내부에도 서로의 경험과 지식을 나누기 위한 네트워킹활동이 활발하다. 이를 통해 시행착오와 비용 등을 효과적으로 줄일 수 있어서다. 스타트업 창업자, 엔지니어 등의 모임인 106 마일즈에는 8800여 명이 회원으로 활동 중이다. 실리콘밸리 리더십 그룹도 HP 창업자인 데이비드 패커드 주도로 만들어진 유명 네트워크 모임이다.

정광호 서울대학교 교수(개방형혁신학회 부회장)는 "실리콘밸리나 보스턴이 오늘의 성공을 이루게 된 것도 결국 비슷한 분야의 사람들이 모여있는 집적효과를 제대로 누린 덕"이라며 "그간 우리 기업들은 각자의 회사라는 울타리에 갇혀있는 경우가 많았는데, 그런 한계를 넘는다는 점에서 혁신신약살롱 같은 개방형 업계 모임은 매우 긍정적"이라고 평했다.

워라밸,
판교에선 가능할까?

창업자와 직장인 사이에서

2018년 창비 신인상을 받은 단편소설 〈일의 기쁨과 슬픔〉은 판교 밸리 스타트업 종사자들 사이에서 필독서로 꼽힌다. 미국 실리콘밸리에서 발원한 첨단 기업문화가 한국 판교에 이식되면서 변질된 풍속도를 정밀하게 묘사했기 때문이다. SNS에서는 "스타트업의 실상을 적나라하게 드러낸 하이퍼리얼리즘(극사실주의) 소설"이라는 평가까지 나온다. 2018년 10월 창작과비평 홈페이지에 공개된 소설 누적 조회 건수는 22만 건이 넘었다. 무료로 공개됐다는 점을 감안해도 다른 소설들의 평균 조회 건수(1000~2000건)를 압도한다. 소설 분량은 A4용지 12장. '우동마켓'이라는 가상의 중고 거래 앱을 서비스하는 판교 소재 스타트업이 배경이다. 이 짧은 소설 속 어떤 부분이 7만여 명 판교인들의 심금을 울린 걸까.

〈중앙일보〉는 저자 장류진 작가, 그리고 스타트업 재직 경험이 있는 10명을 인터뷰해 다른 듯 닮은 소설 속 판교와 현실 속 판교를 비교해 봤다. 장류진 작가는 〈중앙일보〉와의 인터뷰에서 판교 소재 IT 회사에서 기획자로 수년간 일한 경험과 주변에서 보고 들은 바를 소설에 녹여냈다고 말했다. 그는 "부조리함을 고발하려는 의도는 절대 아니다"라며 "지금 다니는 회사 입사 전에 재취업을 알아보는 과정에서 내가 일해온 공간 그리고 거기서 일하는 사람들에 대한 생각이 많이 나서 이를 소설로 쓴 것"이라고 설명했다.

"일을 하면 월급을 받는다던지, 파생되는 인간관계가 생긴다던지, 내가 뭔가 기여하고 있다는 자존감을 얻는다던지 등 기쁨이 있어요. 하지만 그것을 빼고는 슬픈 것들이 너무 많잖아요. 직장인 대부분 다 회사 가기 싫어하지 않나요. 월요병도 그래서 생긴 것이고요. 가급적 적게 일하고 많이 벌고 싶잖아요. 저는 일에 대한 그런 두 가지 감정을 판교라는 공간을 배경으로 소설 속에서 보여주고 싶었습니다."

"…(전략)올바른 이해를 바탕으로 한 스크럼이라면 이 모든 과정이 길어도 십오분 이내로 끝나야 했다. 하지만 우리 대표는 스크럼을 아침조회처럼 생각하고 있으니 심히 문제였다. 직원들이 십분 이내로 스크럼을 마쳐도 마지막에 대표가 이십분 이상 떠들어대는 바람에 매일 삼십분이 넘는 시간을 허비하고 있다."(《일의 기쁨과 슬픔》)

"우리 대표는 스크럼을 아침 조회처럼 생각해.
매일 30분이 날아가"

"현황 점검 회의? 대표가 직원 쪼는 시간이지"

"영어 이름만 쓰면 수평적 문화가 돼?
피터도 아니고 피터 님이 뭐니"

"통역, 소송자료 번역, 대표 골프채 빌리기…….
내가 직원인지 집사인지"

"스타트업 초기 멤버는 성공을 위해 모든 걸 바쳐.
하지만 직원들은 워라밸을 꿈꿀 수밖에"

스크럼은 미국 실리콘밸리를 중심으로 유행한 프로젝트 관리 기법 중 하나다. 매일 약속된 시간에 선 채로 짧게 각자 맡고 있는 분야를 이야기하고 진행 상황을 점검하는 것을 말한다. 효율적 관리기법이지만 사자성어 '귤화위지(귤이 회수를 건너면 탱자가 된다)'처럼 한국에선 '용도변경'되는 경우가 종종 생긴다. 5년 차 개발자인 한 모 씨는 스크럼으로 고생한 경험담을 털어놨다.

"너도나도 스크럼을 도입하던 시기에 스타트업을 다녔어요. 큰 프로젝트를 잘게 나누고 작은 단위를 차근차근 해결해 나가자는 취지였죠. 그런데 문제는 경영진이 작은 프로젝트가 완성될 때마다 보고서를 내라고 하더라고요. 기민한 개발 프로세스라는 목표는 희미해지고 경영진이 실무자를 관리하기 위한 수단으로 전락했습니다."

현재 스타트업에 근무 중인 이 모 씨도 토론 문화가 익숙하지 않은 한국적 토양에선 미국식 방법론이 크게 힘을 발휘하지 못했다고 지적했다.

"자유로운 토론에 익숙하지 않은 한국적 문화에서는 한계가 있어요. 대표가 이를 진행하다 보면 직원을 소위 '쪼는' 시간으로 변질되기 십상이죠. 처음에 뭔가 자유로운 분위기에서 말하라고 했지만 결국 매일 아침 대표가 일을 만들어 주고, 직원들은 듣는 회의가 되더군요."

"회사가 위치한 곳이 실리콘밸리가 아니고 판교 테크노밸리임에도 불구하고 굳이 영어 이름을 쓰는 이유는 대표가 그렇게 정했기 때문이다. 대표부터 직원까지 모두 영어 이름만 쓰면서 동등하게 소통하는 수평한 업무 환경을 만들자는 취지라고 했다. 하지만 다들 대표나 이사와 이야기할 때는 '저번에 데이빗께서 요청하신…' 이러

고 앉아있었다."(《일의 기쁨과 슬픔》)

영어 이름을 쓰는 문화에 대한 묘사도 스타트업 재직자들에게 공감을 산 부분이다. 스타트업 근무 경험이 있는 남 모 씨의 말이다.

"많은 스타트업들이 수평적 문화가 필요하다며 영어 이름을 사용합니다. 하지만 이름만 영어로 부른다고 수평적 문화가 되지는 않아요. 유교 문화권인 탓에 소설처럼 '리처드 대표님' 이렇게 부르는 일이 현실에선 비일비재하니까요. 영어 이름 뒤에 극존칭을 쓰면 아무 의미가 없어지죠."

한국적 상하관계에 익숙한 이들은 혼란을 겪기도 한다. 스타트업 여러 곳의 홍보를 대행하고 있는 박 모 씨는 "영어 이름이 피터면, 메신저로 대화할 때도 'peter nim(피터 님)' 하는 식으로 한국 존칭을 붙이는 이들도 많다"라고 말했다. 영어 이름 대신 철저하게 경어를 쓰는 조직문화를 만드는 게 효율적이라는 조언도 있다. 대기업에서 10년 넘게 근무하다 2017년부터 스타트업 영업 담당으로 일하고 있는 손 모 씨의 설명이다.

"처음 스타트업 업계로 왔을 때 가장 어색했던 것 중 하나가 영어 이름을 쓰는 문화였어요. 기본적으로 나이, 경력으로 서열을 나누는 한국 문화에 익숙해져 있는 상황이었기 때문이죠. 고민 끝에 합의점을 찾은 것이 영어 이름 대신 철저하게 서로 존댓말을 하자는 것이었습니다. 10살 넘게 차이 나도 서로 경어로 소통하다 보면 수평적 관계에 근접할 수 있더라고요. 반말은 폭언, 욕설로 이어지기 쉬우니까요.”

“대표가 케빈에게 내민 카드는 ‘개발적으로 하고 싶은 거 다 하게 해주겠다’였다고. 겨우 그런 말로 설득을 한 것도 신기했지만 고작 그런 말로 설득이 된다는 것도 놀라웠다. 그래서 케빈은 지금 ‘개발 적으로’ 하고 싶은 걸 다 하고 있나 모르겠다. 매일 나오는 버그 잡기 바쁜 거 같은데.”(《일의 기쁨과 슬픔》)

소설 속 등장인물 중 케빈은 옆 동네 포털사에서 대표가 모셔온 이른바 ‘천재 개발자’다. 하지만 인원이 부족할 수밖에 없는 스타트업 사정상 둘이서 할 일을 혼자 떠맡다 보니 개발보단 유지보수에 급급해 히스테리를 부리는 것으로 묘사된다. 스타트업 2곳을 다녀본 이 모 씨도 비슷한 경험을 했다.

“전 직장이 직원 3명인 스타트업이었어요. 마케팅 분야를 생각하고 들어갔는데 업무 범위가 너무 넓었어요. 몰랐는데 회사가 소송을 당하고 있기도 했어요. 그러다 보니 투자 회의를 통역하면서 대신 발표도 하고 소송을 위한 법률 자료도 제가 다 번역했습니다. 심지어 대표가 휴대전화 보험금 수령이나 골프채 빌리기 등 사적인 업무를 시키기도 했어요. 업무보다 자기 개인 일을 더 먼저 해달라고 할 때도 있었죠. 제 체력과 열정과 노동을 깎기만 하는 회사에 실망해 두 달 반 만에 퇴사했습니다. 매일 10시부터 5시까지 점심시간 30분 제외하고 일했는데 두 달 동안 겨우 130만 원 받았습니다. 앞으로도 직원 10명 이하인 회사, 일을 가르쳐 주는 사수가 없는 회사는 안 가려고요."

"저희 대표나 이사는 매일매일 그런 생각을 하겠죠? 어떻게 돈 끌어오고, 어떻게 돈 벌고, 어떻게 3퍼센트의 성공한 스타트업이 될지 잠들기 직전까지 고민하느라 걱정이 많을 거예요. 전 퇴근하고 나면 회사 생각을 안 하게 되더라고요."(《일의 기쁨과 슬픔》)

부모 집 창고를 빌려 마음 맞는 동료들끼리 창업해 몇 달간 밤을 새우다시피 해서 만든 제품·서비스가 대박 나면서 주식 부자가 되는 실리콘밸리의 전형적인 성공 스토리다. 하지만 스타트업 종사자가 창업자만 있는 것은 아니다. 창업자에게 회사의 성공을 위해 헌신하는 게 지상 과제라면 직원에겐 '워라밸(일과 삶의 균형)'이 더 중요할 수 있다. 1년 6개월간 다니던 대기업에서 퇴사한 이후 2017년부터 스타트업에서 일하고 있는 최 모 씨는 대표와 직원이 꿈꾸는 스타트업에 대한 이미지가 서로 충돌한다고 설명했다.

"대표 등 초기 멤버와 이후 들어온 직원들은 스타트업에 대한 생각이 다를 수 있어요. 초기 멤버들은 크게 성공해 돈을 벌려고 불안전성을 감수하고 자기 빚까지 져가며 창업을 하죠. 이들에게 스타트업은 40시간씩 잠도 자지 않고 열정을 불사르며 일하는 곳이에요. 하지만 직원들은 실리콘밸리에선 오후 5시에 퇴근한다는 등 워라밸을 기대하고 온 사람이 많죠. 양쪽의 생각이 많이 다르다 보니 갈등이 있을 수밖에 없어요. 스타트업 대표들이 '직원들 똑똑해 보여서 뽑아놓으면 자꾸 나간다'라는 말을 많이 하더라고요. 양쪽이 스타트업에 대해 생각하는 바가 달라서 그런 거예요."

"그런데 계단을 다 올라가고 나서 어딘가 이상한 점을 발견했다. 육교가 길 건너편으로 이어진 게 아니라 다시 우리가 있던 쪽으로 이어져 있었기 때문이다."《일의 기쁨과 슬픔》

소설에서 두 주인공이 이야기를 나누는 곳은 경기도 성남시 분당구 삼평동 동안교 한쪽에 설치돼 있는 이른바 '판교 육교'를 모델로 했다. 판교역에서 봇들저류지 공원을 넘어 엔씨소프트 사옥 방면으로 가는 길에 있다. 육교로 불리기는 하지만 도로를 가로질러 길 건너편으로 이어지지 않고 도로와 평행하게 놓여있다. 판교 개발 초창기 주변 경치를 바라보거나 사진을 찍는 전망대 역할로 설치됐다. 판교 소재 회사를 다닌 고 모 씨의 말이다.

"육교지만 육교 같지 않은 이 조형물이 판교 직장인들 사이에선 유명한 애환의 공간이에요. 최첨단 건물이 즐비한데 그 속에서 또 최첨단이지 않은 고루한 모습이 발견되는 판교와 뭔가 이미지가 묘하게 닮은 느낌이죠. 육교 역할은 못 하지만 전망대 역할을 그래도 하잖아요. 저도 답답할 때 이곳에 올라가면 마음이 조금 괜찮아지더라고요."

기사 게재일 및 사진 출처

- **1부 그들이 바라보는 미래** ─────────────────────

- 이수기, 김범수의 진단 "DT 시대 왔다, 앞으로 10년 데이터가 돈 번다"", 2019.10.22. | 26쪽 중앙포토

- 박민제, "넷마블 방준혁 "똑똑한 IT 시대, 내 나이는 39살에 멈췄다"", 2019.10.29. | 35쪽 넷마블 제공

- 박민제, ""데스밸리의 길 안내인, 액셀러레이터가 말하는 스타트업이 크는 법"", 2019.1.21. | 44쪽 중앙포토

- 박민제, ""게임 규제 이젠 그러려니…한국에선 숙명"", 2019.3.18. | 49쪽 중앙포토

- 박민제, "게임중독→공부중독 바꾼 앱, 일론 머스크가 최고상 줬다", 2019.6.2. | 57쪽 에누마 제공

- 이수기, ""엔씨 대학'까지 세운 김택진…판교의 힘은 사람에서 나온다", 2019.3.11. | 63쪽 엔씨소프트 제공

- 박민제, "인플루언서 마케팅에 30만 원 썼더니 카페 매출 2.5배로", 2019.8.11. | 71쪽 애드히어로 제공

- 박민제, ""김기사 신화' 박종환 "판교에 헝그리 정신이 없다"", 2019.4.1. | 75쪽 중앙 포토

- 박민제, "창업 생태계에도 여성 차별이 존재할까?", 2019.2.18. | 83쪽 중앙포토

- 박민제, ""카레이서로 인생 리셋, 해외서 통할 제2 애니팡 구상"", 2019.6.23. | 91쪽, 93쪽 중앙포토

- 김정민, "판교서 잘나가는 VC 심사역 삼총사가 말해준다, 어떤 스타트업이 펀딩 잘 받는지", 2019.7.29. | 101쪽 젤라또팩토리 제공
- 이수기, "서정진 회장의 한탄 "임상 100% 성공? 그건 100% 거짓말"", 2019.11.12. | 108쪽 셀트리온 제공

● **2부 그들이 만들어 내는 비즈니스** ─────────────────────

- 김정민, "판교 대신 '성장률 6666%' 도전, 86학번 아닌 86년생 달랐다", 2019.12.2. | 117쪽 서울언니들, 쇼퍼블, 쉐어트리츠, 에스랩아시아, 아이템쿠, 스윙비 제공
- 박민제, ""동네 사람만 와라" 이랬더니 대박 터진 AI 벼룩시장", 2019.9.22. | 124쪽 당근마켓 제공
- 김정민 · 이수기, "성매매 광고 거르고, 출장비 순식간 처리 "AI가 일꾼"", 2019.4.7. & 박민제, "내가 좋아하는 팀 AI가 편파중계…판교식 야구 감상법", 2019.9.8. | 133쪽 페이지 제공
- 이수기, "운동 · 독서 모임도 돈 된다?…'살롱'에 베팅하는 판교", 2019.6.24. | 139쪽 버핏서울 제공
- 김정민, "시급 2만 원 반려견 산책…스타트업이 만든 '틈새 일자리'", 2019.8.19.
- 이수기, ""감자탕 뼈로 괴물 소리를 만듭니다"…국내 유일 '게임 폴리아티스트'", 2019.2.7. | 152쪽 엔씨소프트 제공
- 김정민·이수기, ""한국판 어벤져스 만들자'… 판교(IT)+상암(콘텐트)이 힘을 합쳤다", 2019.4.28. | 158쪽 CJ ENM 제공
- 이수기, "소설가는 '배곯는 직업' 옛말…연봉 4억, 판도 바뀐 웹소설", 2019.8.26. | 163쪽 네이버 웹툰 제공
- 이수기, "게임에 사랑과 배신, 질투 입히는 '게임시나리오 작가' 세계", 2019.3.24. | 169쪽 넥슨 제공

● **3부 그들이 일하는 방식** ——————————————————————

- 이수기, "바텐더로 변신한 김택진 대표… 수직 대신 수평 택한 판교밸리", 2019.1.20. | 177쪽 엔씨소프트 제공

- 이수기, "월요일 오전 제끼거나, 주 15시간만 근무…'월요병' 없는 이런 회사 부럽다", 2019.2.11.

- 이수기·편광현, "판교 교통지옥, 밤 11시에도 다니는 셔틀버스가 해결해주마", 2019.2.18. | 189쪽 중앙포토

- 박민제, "잘나가는 IT 대표들, 알고 보니 '2N' 출신", 2019.4.29.

- 이수기, "창업자도 '책상검사' 받는다 … 판교의 보안원칙은 '100대 0'", 2019.1.13.

- 박민제, "사내에 주점·병원·만화방 … 구글 뺨치는 '깨알복지' 판교", 2019.1.14. & 김정민·이수기 "캠핑카 공짜…뭔가 다른 판교휴가", 2019.7.21. | 206쪽 NHN 제공

- 박민제, "판교 기업 사옥은 주민들 '놀이터'다", 2019.2.10. | 212쪽 안랩 제공, 215쪽 NHN엔터테인먼트 제공

- 이수기, "네이버에 "인재 빼앗지 마세요" … 카카오의 뼈있는 농담", 2019.3.4. | 220쪽 카카오페이 제공

- 김정민·이수기, "담배·커피 5분, PC 미조작 15분…당신, 놀고 있군요", 2019.9.29.

- 박민제, "설 앞두고 벌어진 '곶감전쟁' … 판교밸리의 新 명절 풍속도", 2019.2.3. | 231쪽 NHN엔터테인먼트 제공

- 김정민·이수기, "대표도 직원도 점퍼·후드…"편하잖아" 판교 패션", 2019.4.21. | 237쪽 카카오뱅크 제공

- 김정민·이수기, "대통령도 들른 '혁신신약살롱'…바이오업계선 필참 모임", 2019.8.4. | 242쪽 브릿지바이오테라퓨틱스 제공

- 박민제·편광현, "미국서 배워온 스크럼, 판교선 직원 쪼는 시간", 2019.3.4.

———————————

우리는 미래를 만든다

초판 1쇄 발행 2020년 2월 12일

지은이 이수기·박민제·김정민

펴낸이 최지연
마케팅 김재선
제작투자 타인의취향
디자인 [★]규
편집 신나래

펴낸곳 라곰
출판등록 2018년 7월 11일 제2018-000068호
주소 서울시 마포구 큰우물로 75 711호
전화 02-6949-6014
팩스 02-6919-9058
이메일 book@lagombook.co.kr
ⓕ lagombooks ⓘ lagombook_

ISBN 979-11-89686-15-4 03320

이 도서의 국립중앙도서관 출판예정도서목록(CIP)은 서지정보유통지원시스템 홈페이지(http://seoji.nl.go.kr)와 국가자료종합목록 구축시스템(http://kolis-net.nl.go.kr)에서 이용하실 수 있습니다. (CIP제어번호 : CIP2020002778)

- 책값은 뒤표지에 있습니다.
- 잘못된 책은 구입하신 곳에서 바꾸어 드립니다.